Von Tripolis nac

1. Band

Gerhard Rohlfs

Alpha Editions

This edition published in 2022

ISBN : 9789356788886

Design and Setting By
Alpha Editions
www.alphaedis.com
Email - info@alphaedis.com

Contents

Vorwort.

Seit dem Herbste 1868, in welchem die Reise nach Tripolitanien auf Befehl des Königs von Preussen unternommen wurde, welche Ereignisse sind da an uns vorüber gegangen!

Der König von Preussen ist Kaiser von Deutschland geworden; und wenn schon in den letzten Jahren die Deutschen im Auslande nicht mehr wie Schutzlose oder als nicht ebenbürtig und gleich berechtigt den übrigen Nationen gegenüberstanden, um wie viel mehr wird jetzt „Kaiser und Reich", selbst in den „weitesten Fernen" die Deutschen beschirmen.

Und inmitten dieser gewaltigen Begebenheiten ist auch schon die Nachricht vom günstigen Resultate der Expedition nach Tripolitanien und nach dem Inneren von Afrika angelangt: Dr. Nachtigal erreichte mit den Geschenken glücklich die Hauptstadt von Bornu, Kuka, und wurde, wie zu erwarten stand, auf's Zuvorkommendste vom Sultan Omar empfangen.

Das vorliegende Buch, Ergebniss der Reise nach Tripolis, und der von hier aus unternommenen Reise nach Cyrenaica und der Oase des Jupiter Ammon, sollte ursprünglich Mitte 1870 dem Publicum vorgelegt werden. Die Kriegsereignisse brachten eine Verzögerung der Herausgabe hervor. Möge diesem Werke dieselbe günstige Aufnahme und nachsichtige Beurtheilung von Seiten des Publicums zu Theil werden wie den früheren Arbeiten des Verfassers.

Gestattet sei mir hier, der Verlagshandlung für die schöne Ausstattung des Buches meinen Dank auszusprechen, namentlich dafür, dass dieselbe nicht gescheut hat, ohne den Preis desselben wesentlich zu erhöhen, die musterhaften Karten von Kiepert, sowie die von G. Hunckel ausgeführten Chromolithographien beizufügen. Leider konnten die zahlreichen Photographien, die der Reisende in Cyrenaica aufnehmen liess, nicht eingeschaltet werden, da der Preis des Buches sich dadurch verfünffacht haben würde.

Weimar, im Januar 1871.

Gerhard Rohlfs

Philippeville, Bone und Tunis.

Es war im Herbste des Jahres 1868, als ich von der preussischen Regierung den Auftrag bekam, die Geschenke, welche der König für den Sultan von Bornu bestimmt hatte, nach Tripolis zu übermitteln, um sie von dort aus mittelst eigener Karavane ins Innere zu befördern. Die mit den letzten Entdeckungsreisen im Innern von Afrika Vertrauten werden sich erinnern, dass König Wilhelm, in Anerkennung der grossen Dienste, welche Sultan Omar von Bornu gegen deutsche Reisende geleistet, beschlossen hatte, diesem dadurch seine Dankbarkeit zu bezeigen, dass er demselben eine Reihe passender Geschenke übermachte. Sultan Omar hatte von der englischen Regierung aus ähnlichem Anlass auch früher schon Geschenke bekommen.

Die preussischen bestanden in einem in Berlin gearbeiteten Thron, Zündnadelgewehren, Doppelfernglas, Chronometer, Uhren, Bildern der königlichen Familie, und dazu sollten noch in Tripolis durch Consul Rossi angeschaffte Sachen kommen, als Rosenessenz, ächte Corallen, Seiden-, Tuch- und Sammetstoffe. Die von Berlin aus abgegangenen Sachen sollte ich in Marseille empfangen.

Mein Weg führte mich daher über Frankreich, wo ich namentlich meine Ausrüstung zu machen hatte, denn nicht nur hatte ich von Tripolis aus den Abgang der Geschenke einzuleiten, sondern auch die Erlaubniss und Mittel zu einer Reise durch Cyrenaica und die Jupiter-Ammons-Oase erhalten.

Keine Stadt am mittelländischen Meer nimmt einen so raschen Aufschwung wie Marseille, besonders hervorgerufen durch den Handel mit der gegenüberliegenden Colonie. Und was würde Marseille sein, befände sich die Colonie in einem blühenden Zustande, hätten die Franzosen von Anbeginn der Eroberung den Grundsatz befolgt: die Araber, vielleicht die Berber, in die Wüste zu drängen, wohin sie gehören, und so ein freies Terrain für europäische Cultur und Gesittung geschaffen! Unter diesen Umständen würde Algerien statt jetzt einige hunderttausend Europäer, einige Millionen haben. Aber die falschen Grundsätze von Philanthropie, die civilisatorischen Ideen solcher Leute, welche auf die fanatischen Eingebornen dieselben Regeln anwenden wollten, welche man auf durch Jahrhunderte hindurch gereifte Völker anwendet, haben dies alles verhindert.

Ich will damit nicht sagen, dass die Araber sich nicht civilisiren liessen; sie haben sicher dieselben Anlagen, Fähigkeiten, Gefühle, wie wir; aber sie wollen keine Civilisation, ihre Religion erlaubt es nicht. Und eben deshalb werden sie verschwinden, denn die Civilisation lässt sich nun einmal nicht aufhalten, und die Völker, welche nicht mit fort wollen, werden absorbirt oder vernichtet werden. So sehen wir denn auch unaufhaltsam den Islam seinem Ende entgegen gehen, sowohl Araber als Türken können sich gegen das Christenthum nicht halten; ohne dass diesen Völkern ein Zwang angethan wird, gehen sie ihrem Untergange entgegen. Und selbst in der christlichen Religion sehen wir bei den Völkern, welche durch die Religion gefesselt sind, ein geistiges Verkommen, einen Rückschritt; der Franzose sieht und constatirt mit Bangen keine Zunahme der Bevölkerung, und in Spanien, in Italien, wie sieht es da aus!

Dem Islam gegenüber ist aber selbst die katholische Religion Fortschritt, deshalb wird auch das mohammedanische Element über kurz oder lang dem Christenthum in Algerien unterliegen, so sehr sich die französische Regierung auch Mühe giebt, die Araber zu civilisiren, zu pflegen, zu begünstigen und auf Kosten der Europäer zu bevorzugen.

Wir fanden in Marseille alles in bester Ordnung, und wie immer die liebenswürdigste und zuvorkommendste Aufnahme bei unserm deutschen Consul, Hrn. Schnell.

Wie wenig übrigens sonst von den Marseillern auf deutsche Sitte und Sprache gegeben wird, geht daraus hervor, dass nicht ein einziges deutsches Journal im ersten Club der Stadt, dem Cercle des Phocéens, vorhanden war, von den englischen war nur die Times vorhanden. Die eigentlichen Marseiller sind eben nur Krämer, keine Kaufleute; der Grosshandel ist einzig in den Händen eingewanderter Franzosen oder Schweizer.

Aber grossartig ist die Stadt und hat in Hrn. Maupas, dem vorletzten Präfecten, einen wahren Haussmann[1] gehabt. Die Präfectur, die neue Börse, das kaiserliche Palais, das bischöfliche Schloss, ohne viele andere Gebäude zu nennen, sind alle Prachtbauten, und die neuen Stadttheile, die Faubourgs mit den beiden grossartigen Häfen Port Napoléon und Joliette machen Marseille zu einer der glänzendsten Städte des Mittelmeeres.

Und auch die Umgebung hat merkwürdige Veränderungen erlitten. Früher von kahlen Kalkfelsen bordirt, welche die Meeresufer pittoresk, aber nicht schön machten, hat man durch sorgfältige Bewässerungen und Auftragen von Humus grüne, mit Pinien und anderen Bäumen geschmückte Hügel geschaffen, und der Prado von Marseille ist einer der schönsten der Welt. Wer nach Marseille kommt, versäume ja nicht, nach der sogenannten Reserve zu gehen, auf dem Wege nach Toulon längs dem Meere gelegen; eine Restauration, im grossartigsten Verhältnisse aufgeführt, von der aus man die prachtvollste Aussicht auf Stadt, Meer und die vorliegenden Inseln hat.

Doch alle diese Einzelheiten sind in den Reisebüchern zu finden, und ich für meinen Theil hatte Marseille schon so oft gesehen, vom Anfange seines neuen Daseins an (da wo die prächtigen Häuser unterhalb des bischöflichen

Palais sich hinziehen, hatte ich vor Jahren gebadet), dass ich gar keine Lust verspürte, den Aufenthalt unnöthig zu verlängern.

Es war mir deshalb sehr erwünscht, dass Consul Schnell sich bereitwilligst erbot, meine sämmtlichen Kisten nach Malta spediren zu wollen; auf diese Art wurde es möglich, dass ich gleich am folgenden Tage Passage an Bord des nach Tunis fahrenden Dampfers nehmen konnte, um so auf diesem Umwege Malta zu erreichen. Der directe Dampfer sollte erst am 27. November und mit ihm mein Gepäck abgehen, wir gingen Nachmittags desselben Monats am 20. an Bord. Unser Schiff, Cayd genannt, war kein der Messagerie gehörender Dampfer, sondern ein von dieser Gesellschaft gemiethetes Boot, welches der Compagnie der Navigation mixte zugehörte. Klein und mangelhaft eingerichtet, war das Schiff bis Philippeville mit Passagieren aller Classen überfüllt, und selbst die erste Classe hatte ein knotiges Aussehen. Mit Ausnahme eines Engländers, der wie ich nach Tunis wollte und ein sehr gebildeter und feiner Gentleman war, bestand die ganze Zahl der Passagiere aus Franzosen. Die zweite Classe war theils mit französischen Officieren, theils mit Kaufleuten besetzt; das Verdeck war überfüllt mit Soldaten aller in Algerien üblichen Truppen, mit leichten Frauenzimmern, welche das Mutterland einer Colonie sandte, und einigen arabischen Pilgern, welche von Mekka kamen.

Glücklicherweise dauerte die Fahrt nicht lange Zeit, und das Wetter war andauernd günstig; schon am Sonntag Morgens, den 22. Novbr., waren die Berge Afrika's in Sicht, und um 2 Uhr lagen wir vor Stora, dem kleinen Hafenorte von Philippeville. Stora ist für Philippeville derselbe Platz, der Mers el Kebir für Oran ist, auch die topographische Lage ist fast dieselbe. Aber sowohl an Wichtigkeit im Verkehr als an Schönheit übertreffen die beiden Orte der Provinz Oran um ein bedeutendes die der Provinz Constantine. Die Ausschiffung ging rasch von Statten, da Barken genug vorhanden waren, und die Araber doch unter französischer Herrschaft schon ein gutes Theil jener Zudringlichkeit und Unverschämtheit verloren haben, welche sie da ausgezeichnet, wo sie unter eigener oder türkischer Herrschaft stehen. Aber nun, wo unser Schiff ruhig auf den glatten Wellen lag, merkte ich, dass es noch eine berühmte und glänzende Schönheit beherbergt hatte, die Marquise von G..., eine der ersten Schönheiten am Hofe Napoleons III. und Ehrendame seiner kaiserl. Gemahlin. Diejenigen, welche mit dem Hofe Napoleons vertraut sind, werden leicht errathen können, wer diese hervorragende Schönheit ist, welche hier von ihrem Gemahl, dem Obersten des 3. Regiments der Chasseurs d'Afrique, empfangen wurde. Wir liessen uns alle direct nach Philippeville rudern, und die meisten von uns stiegen im Hôtel d'Orient ab; das heisst, ich schreibe Hôtel, man denke „Kneipe". In der That merkwürdig genug, wie gleich beim Betreten der Provinz Constantine die angenehme Erinnerung der so sehr guten Hôtels in Algier und Oran zu nichte wird. Gerade das Hôtel d'Orient der Stadt Algier selbst kann mit den grössten Hôtels der grössten Städte wetteifern, und hier? Ein Zimmer, dessen Wände nur hell getüncht waren, schmutzige Wäsche, das primitivste Ameublement. Wie wird sich die Marquise von G..., die so eben aus den glänzendsten Salons von Compiègne kommt, hier zurecht finden, dachte ich, und doch waren ihre Zimmer, welche sie mit ihrem Manne innehatte, wohl nicht besser als das meinige. Doch wozu braucht man Zimmer in einem Lande, wo ewig Frühlingslüfte wehen! Riefs und ging hinaus auf den Platz, wo die Miliz-Musik gerade eine Pièce aus der Afrikanerin spielte. Darüber kam der Abend heran und denselben verbrachten wir, d.h. der Engländer Herr B. vom Foreign Office und ich, gemeinschaftlich. Wir hatten viele Anknüpfungspunkte zusammen, abgesehen davon, dass er, wie jeder Engländer, sehr deutsch gesinnt war, kannte er fast alle meine Bekannten in London und ich die seinigen in Berlin, er war bei der letzten Reise der Königin nach Berlin in deren Gefolge gewesen. Wir durchliefen die verschiedenen Cafés, die Strassen und waren Abends einen Augenblick im Theater, wo zum Besten der Armen ein Ball gegeben wurde. Herr B. war ein ganz angenehmer Gesellschafter, sprach auch gut deutsch und französisch, jedoch konnte er es nie lassen, den Engländer herauszubeissen, wenn's an's Bezahlen ging; dann drang er den Leuten immer mit Gewalt die doppelte Summe auf, so dass Manche ihn sicher für verrückt hielten.

Wir weilten noch einen andern Tag in Philippeville; ich verbrachte ihn damit, die sehr merkwürdigen Alterthümer der Stadt zu besehen. Zum Theil bestehen dieselben aus grossartigen Cisternen, auf den Anhöhen, welche zu beiden Seiten die Stadt flankiren, gelegen. Es scheint, dass Philippeville unter der Römerherrschaft ausschliesslich sein Wasser das ganze Jahr hindurch aus Cisternen bezog, und selbst heute, wo die Franzosen den Ort durch eine Wasserleitung versorgt haben, wird noch ein grosser Theil der Stadt aus den antiken renovirten Wasserbehältern gespeist. Und noch alle Tage entdeckt man neue Reservoirs. So hat man ganz kürzlich noch hinter der Commandantur eine der grossartigsten alten Cisternen, vollkommen gut erhalten, blosgelegt; niemand hatte eine Ahnung davon seit den mehr als 30 Jahren, dass die Franzosen Philippeville besitzen. Die herrlichsten Bauüberreste von Philippeville finden sich da, wo heute das College hingebaut ist, und hier hat man auch das archäologische Museum eingerichtet. Ein Theater, halbzirkelförmig, wie ein ähnliches, aber viel kleiner, in Verona vorhanden ist, beherbergt jetzt eine Menge werthvoller Statuen, Sarkophage und Grabsteine, welche mit den zahlreichen, oft gut erhaltenen Inschriften dem Forscher ein ganzes Blatt aus der Geschichte vorlegen. Eine fast vollkommen erhaltene Statue eines römischen Imperators fesselte vor allem unsere Aufmerksamkeit. Herr Roger, der gelehrte Vorsteher des Museums, glaubt in derselben einen Hadrian zu sehen, Andere haben einen Caracalla darin erkennen wollen. Ich denke, dass der Grund des Herrn Roger, ein Vater-, Bruder- und Menschenmörder könne unmöglich eine so „ausgezeichnete, intelligente und gute Physiognomie gehabt haben," nicht stichhaltig ist. Die Geschichte zeigt, dass sehr häufig die körperlich bestgeformten Menschen die grössten Scheusale waren. Viel richtiger ist indess Herrn Rogers Behauptung, eine grosse Aehnlichkeit in den Gesichtszügen der Statue mit den dem Hadrian gewidmeten Münzen gefunden zu haben. Es sind noch mehrere andere Marmorstatuen aufgestellt, von denen es jedoch noch unsicherer ist, was sie vorstellen sollen. Ein einfacher Marmorsarkophag wurde, vollkommen gut erhalten, dicht bei Philippeville auf dem Wege nach Stora gefunden. Das Skelett befindet sich im Museum selbst. Andere Sarkophage mit Basreliefs, jedoch ohne Deckel, sind in grosser Zahl vorhanden. Die Capitäler vom schönsten corinthischen Laube lassen schliessen, wie reich das alte Rusicade war. Viele dieser Schätze sind aus der Umgegend hergebracht, zum grössten Theil jedoch in der Stadt selbst gefunden worden.

In der That muss das alte Rusicade, aus seinen Ruinen zu schliessen, ein viel bedeutenderer Ort gewesen sein, als wir nach den spärlichen Ueberlieferungen der Alten glauben sollten. Ptolemäus führt Rusicade nicht einmal als Colonie auf, aber durch die Peutinger'schen Tafeln erkennen wir die Bedeutung der Stadt aus den beigemalten Häuschen. Bei Pomp. Mela und Plinius geschieht ihrer Erwähnung. Nach Vibius soll dicht bei Rusicade der kleine Fluss Tapsus ins Meer gemündet sein, und dies ist offenbar der heutige ued Safsaf. Ihr erster Name scheint Thapsa, die Stadt überhaupt phönicischen Ursprungs gewesen zu sein. Im Alter war sie der Stadt Cirta von derselben Bedeutung, wie sie es heute als Hafenort für Constantine ist.

Der Alterthumsforscher findet aber seine eigentlichen Kleinodien im Museum selbst, und wenn das Gebäude auch schuppenartig aussieht, so birgt es doch manche Sachen, um welche es die Museen in London und Berlin beneiden würden. Erst auf Antrieb des Prinzen Napoleon im Jahre 1850 in's Leben gerufen zu der Epoche, wo dieser gelehrte und die Wissenschaften pflegende Prinz rein Rundschreiben an die Präfecten von Algerien richtete: „d'aviser à la conservation des ruines, vestiges et débris de la domination romaine," hat in der kurzen Zeit von nicht 10 Jahren, unter der sorgfältigen Hand des Herrn Roger das archäologische Museum einen raschen und blühenden Aufschwung genommen. Aber um ein solches Werk zu fördern, gehört auch eben ein Mann dazu, wie es Herr Roger ist. Ich hatte das Glück, von ihm selbst, der von Stand Architekt und Professor der Zeichnenkunst am Collegium in Philippeville ist, im Museum herumgeführt zu werden, und konnte mich überzeugen, mit welcher väterlichen Sorgfalt er jedes, auch das kleinste Object würdigte.

Und nicht nur hatte er seine Aufmerksamkeit auf alte römische Ueberreste oder Gegenstände aus der ersten Periode des Christenthums gerichtet; da finden wir prachtvolle Stalaktiten, Korallen, Krystalle aus der Umgegend der Stadt, eine Schädelsammlung, ethnographische Gegenstände selbst aus China; ja in letzter Zeit war es Herrn Roger gelungen, einen echten Tintoretto, den ein Malteser Marketender im Winde aushängen hatte, für's Museum zu erstehen, und das zu dem fabelhaft billigen Preise von 3 Francs. Es soll unzweifelhaft feststehen, dass das Bild von Tintoretto ist, und so würde es jetzt einen Werth von einigen Tausend Thalern erlangt haben.

Hauptsächlich reich ist die Sammlung von Lampen, einige davon auf dem Boden mit einem Kreuze versehen, ein Zeichen, dass sie der christlichen Zeitrechnung angehören; Thränenvasen, Amphoren, Aschenvasen sind in reichhaltigster Auswahl vorhanden, und täglich werden noch neue gefunden.

Ueberhaupt sind alle Haushaltungsgegenstände vorhanden, Schmucksachen, Küchengeschirr etc. Dass die Münzen nicht fehlen, versteht sich von selbst, und besonders ist es der Meeresstrand, der nach heftigen Stürmen oft eine reiche Ernte giebt für's Museum. Die meisten Münzen sind von Hadrian, dann von Antonin dem Frommen, Faustin, Maxentius, Constantin dem Grossen, Constantin dem Jüngern, Marcus Aurelius, Claudius II, Trajan, Vespasian, Alexander Severus und einzelne von allen Imperatoren. Sehr zahlreich sind die numidischen Münzen, alle daran kenntlich, dass sie auf einer Seite ein laufendes Pferd zeigen, meist nach links gerichtet.

Nachmittags besahen wir die Umgegend von Philippeville, welche überall einen lachenden Garten bildet, und selbst zur Winterzeit hatte der warme Regen in wenigen Tagen eine so üppige Vegetation hervorgerufen, dass der Frühling wirklich vor den Thoren zu sein schien. Die Bäume sind meistens Oliven, Korkeichen und Lentisken, und vom kleinerem Gebüsch findet man die Zwergpalme und Aloe; Zahlreiche kleine Dörfer umgeben die Stadt, es scheint aber keines in besonders blühendem Zustande zu sein; wenigstens sehen die, welche wir besuchten, nur kläglich aus. Will man von der einheimischen Bevölkerung sprechen, so fällt einem fast die Feder aus der Hand; die schreckliche Hungersnoth, welche so eben die Araber decimirt hat und jetzt freilich zu Ende ist, sprach noch aus den Augen fast jedes Individuums. Zerlumpt, schmutzig, der Körper nur aus Haut und Knochen bestehend, schleichen sie wie Phantome umher. Aber sie haben schon Alles vergessen und nichts gelernt, eine nächste Missernte wird ihnen ein gleiches Schicksal bereiten. Am Hafen lungerten immer Hunderte dieser halbnackten Kerle herum, und blickten mit stolzer Verachtung auf die arbeitenden Christen, ohne indess zu stolz zu sein, einem Fremden gleich die bettelnde Hand entgegenzustrecken.

Hr. B., der Engländer, kehrte noch Nachmittags an Bord zurück, das Wirthshaus war ihm zu schlecht, und da er seines kranken Zustandes wegen nicht gehen konnte, also fast die ganze Zeit auf das Hôtel d'Orient angewiesen war, konnte er auch nichts Besseres thun.

Ich selbst blieb mit meinen Leuten noch bis am andern Morgen und dann gingen wir zu Fusse nach Stora. Der Weg geht immer längs des Meeres und an zahlreichen Landhäusern, von hübschen Lustgärten umgeben, vorüber und bei jeder Drehung des Weges bietet er ein anderes Panorama, dass die vier Kilometer Entfernung ganz unbemerkt dahin schwinden.

Stora selbst ist ein kleiner Ort von einigen Häusern, und diese sind fast alle Schnapsläden oder Kaffeehäuser, aber auch eine Kirche und Schule fehlen nicht, beide hoch über dem Orte gelegen. Der Ort war auch schon in alten Zeiten besiedelt; eine grossartige Cisterne, von den Römern erbaut und jetzt renovirt, und eine reizende Marmorfontaine, am Meere gelegen und von der Cisterne gespeist, bezeugen dies hinlänglich. Noch heute hat die Cisterne Wasser genug für den ganzen Ort, und die Marmorfontaine strahlt das Wasser noch ebenso aus, wie zur Zeit der Römer. Von einem hohen Gewölbe überdacht, ein Gewölbe, welches halb in die Felswand gehauen und halb aus Ziegeln errichtet ist, aber auch aus den Römerzeiten herstammt, verbreitet die Fontaine eine so angenehme Kühle, dass ich hier mein Frühstück auftragen liess und die Zeit verbrachte, bis ich an Bord zurückging.

Von Zeit zu Zeit kamen die jungen Storenser Mädchen mit ihren Wasserkrügen, um sie zu füllen, fast alle barfuss und fast alle italienisches Blut, denn die eigentliche Volksschichte besteht hier meist aus Maltesern. Sah man aus der künstlichen Grotte heraus, so hatte man das schönste Bild vor Augen; der ganze herrliche Golf, im Hintergrunde Philippeville, die auf den Wellen schaukelnden Dampfer, zahlreiche kleine Fischerboote mit ihren grossen lateinischen Segeln—tagelang hätte ich in diesem Zauberneste bleiben mögen. Aber die Stunde schlug, der alte Bootsmann bemächtigte sich des Gepäckes, und wir ruderten wieder auf unsern Caïd los.

Am andern Morgen, der Dampfer war schon gegen Mitternacht angekommen, lagen wir auf der Rhede von Bone.

Stolz lag die Tochter des alten Ortes Hippo regius vor uns. Hatte der heilige Augustin wohl geahnt, dass einst nach 1000 Jahren hier wieder das Evangelium gelehrt werden würde?

Bone liegt jetzt ganz auf der Stelle des alten Hippo, von dem wir wissen, dass es 5 M. nordwestlich von der Mündung des Ubus- (Seibouse-) Flusses gelegen war. Der Name Bona, der schon im zwölften Jahrhundert erscheint und offenbar von ἱππὼν βασιλικός gebildet ist, hat jetzt sich in das französische Bone verwandelt. Von den Tyriern angelegt, ist der Name Hippo phönicischen Ursprunges. Zuerst den Carthagern botmässig, wurde von den Römern der Ort Massinissa und seinen Nachfolgern überlassen, und erhielt zu dieser Epoche den Beinamen regius, theils um nun dies Hippo von dem nahen Hippo Zaritus zu unterscheiden, theils weil es oft Sitz der numidischen Könige selbst war. Als die Römer sich später selbst dieses Landes bemächtigten, blieb Hippo noch eine bedeutende, indess wenig beachtete Stadt; aber die Häuschen der Peutinger'schen Tafel beweisen auch hier zur Genüge die Ansehnlichkeit des Ortes.

Der heilige Augustin, der in Tagasta geboren, in Carthago erzogen, hier als Bischof wirkte, war es, der hauptsächlich die Christen zu jener heldenmüthigen Vertheidigung gegen den Vandalen Genserich anspornte. Sein Gebet, nicht in die Hände der Barbaren zu fallen, sollte erfüllt werden: im 3. Monat der Belagerung starb er. Hippo Regius wurde dem Boden gleich gemacht; aber Augustin, einer der grössten Kirchenväter, würde allein das Andenken an Hippo bewahrt haben, wenn nicht in der Neuzeit die grossartigen Ruinen, die selbst dem Vandalismus nicht erliegen konnten, Zeugniss von der einstigen Blüthe dieses Ortes gegeben hätten.

Ich nahm sogleich ein Boot und liess mich ans Land setzen, da wir bis Nachmittag Zeit hatten, und die Strassen der Stadt durchlaufend, kam ich bald ans andere Ende, wo unter einem alten Aquäduct hindurch und zwischen lachenden Gärten liegend der Weg zur Pepinière führt. Fast jede Stadt Algeriens hat eine Pepinière oder Baumpflanzschule. Meist sind dieselben zu vollkommenen Jardins d'essai ausgebildet, und haben somit für die Colonisation das Gute, dass die Pflanzer sich nicht mit unnützen Versuchen abzumühen brauchen. Gedeiht ein Baum gut, oder sieht man namentlich nützliche Pflanzen im Klima Algeriens anschlagen, so wird das öffentlich bekannt gemacht und Sämereien oder Stecklinge zur Disposition der Pflanzer gestellt. Es ist dies gewiss ein sehr nützliches Unternehmen der Communalbehörden, und namentlich der grosse Garten dieser Art von Algier selbst hat grosse Verdienste um Einführung früher nicht gekannter Pflanzen.

Es würde überhaupt zu weit gehen, zu sagen, „der Franzose versteht ganz und gar nicht zu colonisiren". Der französische Bauer ist, namentlich der aus dem Norden, ebenso fleissig, wie andere, und die Bearbeitung wird von den einzelnen ebenso rationell betrieben, wie von uns. Auf den meisten grösseren Farmen wird jetzt Dampf als Hauptarbeitsmittel angewendet, und die Irrigationen, welche man in Algerien findet, sei es durch Canalisation oder durch das Noria-System, sind bewundernswerth. Will es trotzdem mit der Colonisation nicht recht vorwärts gehen, so liegt das theils an der Militär-Administration, theils an der Einrichtung der Bureaux arabes, welche die Eingeborenen fortwährend auf Kosten der Europäer bevorzugen. Strassen durchziehen sonst nach allen Richtungen das Land, und die Hauptörter werden demnächst durch Eisenbahnen miteinander verbunden sein.

Der Garten ist gross und gut gehalten, und birgt in seinem Innern ein kleines naturhistorisches Museum, das indess nichts besonderes aufzuweisen hat. Ein alter römischer Sarkophag, erst kürzlich hieher gebracht, ist die einzige Reliquie des Alterthums, die man hier aufbewahrt, obschon sonst die Gegend an Ueberresten der Phönicier, Carthager, Römer und Byzantiner überreich ist.

Durch einen glücklichen Zufall erfuhr ich, dass General Faidherbe hier stationirt war, er war es eben, der den Sarkophag hieher hatte transportiren lassen. Die Bekanntschaft dieses ausgezeichneten, so hoch um die Geographie von Afrika[2] verdienten Mannes musste also rasch gemacht werden, und ich liess mich auf das Hôtel der Subdivision, welche Hr. Faidherbe jetzt commandirte, führen. Ich brauche wohl kaum zu sagen, wie zuvorkommend ich vom General empfangen wurde, ich durfte ihn natürlich während der Stunden meines Aufenthaltes nicht mehr verlassen, und nach dem Frühstück hatte er die Güte, mich nach den sehenswerthesten Ruinen der Umgegend zu führen, hauptsächlich zu den grossen Cisternen, oder vielleicht waren es Bäder, an deren oberen Partie man dem heiligen Augustin ein hübsches Denkmal errichtet hat. General Faidherbe, der lange Zeit am Senegal Gouverneur war, theilte vollkommen meine Ansicht, dass die Neger, wenigstens die nördlich vom Aequator, ein viel besseres Naturell als die Araber hätten, und für Cultur und Civilisation weit empfänglicher als diese seien. Er hat sich hauptsächlich mit ethnographischen Studien beschäftigt und wir verdanken ihm manche wichtige Aufschlüsse über die Pullo und namentlich verschiedene Berberstämme. Herr Faidherbe war so aufmerksam, mich bis an Bord zurückzubegleiten, und so konnten wir bis zum letzten Augenblicke zusammen sein. Gastfrei, zuvorkommend und liebenswürdig, das sind Eigenschaften, welche man nirgends so sehr wie bei den Franzosen antrifft.

Die Fahrt nach Tunis ging glücklicherweise rasch von Statten, schon andern Morgens ankerten wir vor der Goletta. Nach einem Augenblick kam der Canzler des preussischen Consulats an Bord, um mich in Empfang zu nehmen; denn um nicht die Unannehmlichkeiten der Tuniser Douane durchmachen zu müssen, hatte ich von Bone aus telegraphirt und um den Consulatskavassen gebeten. Nicht nur brachte der Canzler einen Kavassen mit, sondern auf Befehl des Bei von Tunis hatte der Admiral des Hafens von Goletta eine Barke zur Disposition stellen müssen, um uns an's Land zu rudern. Ohne weitere Formalitäten konnte also gleich das Ausbarkiren vor sich gehen, und die zehn Marine-Soldaten brachten uns rasch an's Land. Ich bemerkte hier, dass die tunisische Flage nicht die des Sultans der Türkei ist, während dieser nämlich einen weissen Halbmond und Stern im rothen Felde führt, hat der Bei von Tunis im rothen Felde eine weisse Kugel, und darin einen rothen Halbmond und einen rothen Stern.

Gelandet, mussten wir dann dem Admiral aufwarten, und machten da zugleich die Bekanntschaft des englischen Generalconsuls, Hrn. Wood, und des französischen Viceconsuls von Goletta. In Tunis ist man schon von der Sitte des Kaffee's und Tschibuks abgekommen, eine Visite verläuft dort bei den höheren Beamten oder bei dem Bei jetzt mit derselben Steifheit wie bei uns.

Bei den Türken und namentlich in den türkischen Provinzen herrscht aber noch die gute alte Sitte einer Tasse Kaffee, und ein Tschibuk oder eine Wasserpfeife fehlen nie. Es ist dies aber nicht die einzige Umwälzung, die in Tunis vor sich gegangen. Seit der Mission des Lords Exmouth nach Tunis, und seit dem Ultimatum, welches die Grossmächte von Aachen aus am 18. Novbr. 1818 an Tunis richteten, und das im folgenden Jahre am . Septbr. durch die englischen und französischen Admirale Freemantle und Jurien dem Bei notificirt wurde, schaffte man zuerst die Piraterie ab. Mahmud Bei gab nach, und seit der Zeit sehen wir gewaltige Veränderungen in der Regentschaft vor sich gehen.

Es ist wahr, dass mit dem Vorfahren der jetzigen Dynastie, Hussein ben Ali, welcher am 10. Juli 1705 auf den Thron kam, eine neue Epoche im Staatsleben der Regentschaft begann; denn vorher, und dies ist wichtig zu notiren, hatten alle Regenten von Tunisien den Titel Dei geführt, während Hussein ben Ali zuerst den Titel Bei annahm. Dei nun bedeutet den nicht vollkommen unabhängigen Herrscher, während Bei, welches ausserdem einen sehr weiten Begriff hat, als Regent mit Ausschluss eines jeden andern, die Vollheit der Autorität in sich begreift. Wenn nun auch in der Reihe der Regenten, welche von Hussein-ben-Ali (der, beiläufig gesagt, der Sohn eines griechischen Renegaten war) bis auf den jetzigen Bei, Namens Sadduk, bei Zwistigkeiten, früher mit der Regierung des Deis von Algier, später mit christlichen Mächten, manchmal die hohe Pforte um Intervention angegangen wurde, ja im Kriege gegen Russland das tunisische Gouvernement es sich nicht nehmen liess, der Türkei ein Hülfsheer zu senden, so sieht man immer doch, dass die Regierung in dem Sultan der Türken nur eine Art spirituelle Suprematie erkennen, keineswegs aber von ihm abhängig sein will.

Seit dem Anfang des 18ten Jahrhunderts ist denn auch gar kein Tribut mehr nach Konstantinopel bezahlt worden, und die Nachfolge in Tunis geht ganz ohne Einmischung der Pforte vor sich. Nach Eroberung von Algerien hat keine Macht die Unabhängigkeitsgelüste von Tunis so sehr unterstützt und befördert wie Frankreich, und keine Macht hat dieselben so viel wie möglich einzuschränken gesucht als England. Ersteres Land ging dabei von dem

Grundsatz aus, dass ein kleines unabhängiges Land, noch dazu nächster Nachbar, im gegebenen Augenblick leichter zu nehmen sei, als wenn ein gewisses Abhängigkeitsverhältniss zu einem andern Staat, und hier zur Pforte, bestände. Und aus eben diesem Grunde hat England die Beziehungen von Tunis zur Türkei wieder enger zu machen versucht.

Tunis, das gerne vollkommen unabhängig sein möchte, zugleich aber auch das Gefährliche einer solchen Lage Frankreich gegenüber erkannt hat, schwankte in den letzten Jahren von einer Seite zur andern, dazu kam die schreckliche Finanznoth, welche freilich noch nicht beseitigt ist.

Es scheint aber, dass jetzt die Regierung von Norddeutschland im Verein mit England und Italien den französischen Planen gewachsen ist, ohne dass Tunis genöthigt wäre, sich wieder in die Arme der Türkei zu werfen. Wenigstens wurden die letzten Anschläge der französischen Regierung in Betreff der Schuldforderung von diesen drei Mächten hintertrieben; ohne die kräftige Intervention von England, Norddeutschland und Italien wäre Tunis heute eine französische Präfectur und zwar auf ganz friedlichem Wege geworden. Wenn man aber bedenkt, wie wichtig strategisch Tunis für das mittelländische Meer gelegen ist, und was Frankreich durch den Zuwachs einer solchen Provinz gewonnen hätte, dann kann man sicher nicht genug darauf bedacht sein, eine Vergrösserung Frankreichs nach dieser Seite hin zu verhindern.

Ob je Tunis seinem Schicksal entgehen wird, einer europäischen Macht anheim zu fallen, das bezweifle ich. Eigentliche Civilisation ist hier ebenso wenig wie in Aegypten und in der Türkei, und es wird von der Nachwelt gewiss als eines der grössten Wunder betrachtet werden, dass solche Staaten im 19ten Jahrhundert vor den Thoren Europa's haben existiren können.

Staunen wir nicht darüber, wenn wir lesen, dass im Jahr 1823 n. Chr. in Tunis es fast zum Bruch mit der englischen Regierung gekommen wäre, weil die Juden anfingen, sich europäisch zu kleiden und namentlich sich des Hutes bedienten, ja im selben Jahre für dasselbe Verbrechen, d.h. einen schwarzen Cylinder getragen zu haben, zwei Juden in Tunis die Bastonade bekamen und nur mit Mühe durch Hrn. Nylsen, dem holländischen Consul, welcher derzeit Toscana vertrat, ihre Freilassung erlangten. Aber solche Sachen passiren noch alle Tage, wenn auch nicht so eclatant und öffentlich.

Zwei Wagen, die Hr. Tulin, schwedischer General-Consul und preussischer Agent, herausgeschickt, brachten uns in anderthalb Stunden von der Goletta nach Tunis selbst. Der Weg war, da es seit Tagen geregnet hatte, entsetzlich, und je näher wir der Stadt kamen, desto bodenloser wurde er. In der Stadt selbst waren denn die Strassen auch ganz ein Schmutzmeer; es war, als hätte man sie mit Chocolade einen halben Fuss hoch begossen. Eine mohammedanische Stadt kann ich mir nun einmal nicht ohne Schmutz denken, und es würde mir selbst befremdend vorgekommen sein, wenn dem nicht so gewesen wäre; mich amüsirte nur mein Berliner Photograph, der fortwährend ausrief, dass es unter den Linden doch ganz anders sei. Damit man durch diese Schmutzüberschwemmung zu Fuss hindurchkommen kann, hat die europäische Colonie in Tunis ein eigenes Schuhwerk erfinden müssen, hohe Holzschuhe, welche auf noch höheren eisernen Ringen ruhen, und die man mit Lederriemen unter sein Schuhwerk bindet.

Leider sollte es mir nur vergönnt sein, in Tunis eine Nacht zu bleiben, denn die Fahrten der Dampfer waren der Art eingerichtet, dass ich ohne einen Verzug von zehn Tagen den am folgenden nach Malta abfahrenden nicht versäumen durfte. Ich machte indess hier die interessante Bekanntschaft des Herrn von Maltzan, welcher sich Studien halber für längere Zeit in Tunis aufhielt.

Baron von Maltzan, schon seit Jahren an der Nordküste von Afrika und in Arabien heimisch, ein poetisches Gemüth, was seinen Reisebeschreibungen allerdings einen eigenen Reiz verleiht, andererseits aber auch eben der poetischen Auffassung wegen Abbruch thut, hat der Wissenschaft einen grossen Dienst gethan durch Veröffentlichung seines Werkes über Sardinien. Offenbar einer der besten Kenner der phönicischen Sprache und Alterthümer, hat Niemand in Deutschland so sehr auf den Reichthum, den Sardinien in dieser Hinsicht birgt, aufmerksam gemacht, wie Maltzan.

Zu gleichem Zwecke hielt er sich in Tunis auf; bot doch die Stätte des alten Carthago eine wahre Fundgrube für unseren gelehrten Phönicier. Zudem hatte er entdeckt, dass der Sohn des Chasnadar ein ganzes Museum phönicischer Alterthümer besässe mit kostbaren Inschriften. Nach vielen Schwierigkeiten gelang es Hrn. von Maltzan, Einsicht dieses Museums zu bekommen, aber alle seine Bemühungen, Photographieen der interessanten und wichtigen Inschriften machen zu dürfen, sind bis jetzt gescheitert.

Die Bevölkerung von Tunis machte indess einen ebenso peinlichen Eindruck, wie die der algerischen Provinz, man sah, dass Cholera und Hungertyphus hier gewüthet hatten. Dazu die grösste Insolvenz der Regierung, alle Beamten von oben bis unten, das ganze Heer und die Marine hatten seit zwei Jahren keinen Lohn erhalten. Diese Thatsachen sprechen laut genug, wie es um den tunisischen Staat bestellt ist. Möge die Finanzcommission, zusammengesetzt aus Norddeutschland, England, Frankreich und Italien, von der man jetzt Rettung und baldiges Eintreffen erwartet, nicht lange auf sich warten lassen.

Der Rückweg nach Goletta und die Einschiffung ging auf dieselbe Weise von Statten, nur dass wir diesmal an Bord eines Dampfers kamen, der gerade doppelten Tonnengehalt hatte, wie die Germania, welche so eben die erste deutsche Nordpolfahrt zurückgelegt hat.

Man kann sich denken, wie wir an Bord dieser Nussschaale herumgeworfen wurden, aber wir hatten einen englischen Capitän, der Rio-Janeiro, Canton, Danzig, Stettin und andere Häfen gesehen hatte, also ein alter Seelöwe war; und trotz eines Sturmes, welcher auf dem Mittelmeere gar nicht spasshaft ist, kamen wir gut über.

Aber wie sah es oft in der engen Cajüte aus! Der alte Capitain hatte nämlich das Steckenpferd, sich eine ganze Menagerie an Bord zu halten, diese bestand aus seiner Frau, vielen Hunden, Katzen, Hühnern, Vögeln, Enten und anderen Vier- und Zweifüsslern. Das Sonderbarste war, dass alle Thiere einen Namen hatten—da war ein Neufundländer Nelson, eine schlaue Katze, die Napoleon hiess, andere Thiere Wellington, Blücher, Malborough etc.; bitter beklagte indess der alte Capitän, dass Bismarck desertirt sei.

Ich konnte Bismarck das nun gar nicht verdenken, denn wenn bei einem besonders starken Wellenschlage alle diese Thiere mit Bänken und Schüsseln in der Cajüte umhertanzten, gehörten mehr als starke Nerven dazu, um es auszuhalten. Abends 8 Uhr am 28. November warfen wir Anker im Hafen von La Valetta, und waren einige Augenblicke später wieder auf europäischem Grund und Boden.

Kurzer geschichtlicher Ueberblick von Tripolis.

Im freundlichen Imperial-Hôtel in Lavaletta abgestiegen, mussten wir nun freilich in Malta längere Zeit bleiben, als wir, wenn es nach unserem Wunsche gegangen wäre, beabsichtigt hatten; aber mit Malta hat der regelmässige Verkehr ein Ende, wenigstens wenn man nach Tripolis will, und man muss sich den Launen der türkischen Dampfschiffs-Eigenthümer, sowie dem Wetter fügen.

Indess kann man die Zeit in Lavalletta und Malta recht gut hinbringen. Freilich bietet die Stadt für einen Nichtmilitair des Interessanten nicht viel. Das Palais des Gouverneurs, ehemals das des Grossmeisters der Johanniter, die Johanniskirche, einige Palläste der ehemaligen Zungen, besonders das castilianische Hôtel, einige hübsche Promenaden, zwei Bibliotheken, endlich Oper und einige Clubs gewähren wohl für einige Tage dem Fremden Unterhaltung, wer aber all dies von früher her schon kennt, und ich war nun schon verschiedene Male in Lavalletta gewesen, der sehnt sich nach etwas Anderem. Dazu kömmt nun noch, dass an keinem Orte von Europa die Familien so abgeschlossen und für den Fremden schwer zugänglich sind, als in Malta. Längere Zeit unter der Herrschaft der Araber, wie ja auch heute noch die Volkssprache auf Malta ein arabischer Dialekt ist, halten die Familien ihr Haus dem Fremden fast so fest verschlossen, wie es der Mohammedaner einem nicht zu seiner Sippe Gehörigen thut, und trotzdem ich mehrere Bekannte in Lavalletta hatte, war es mir nie gelungen, Eingang zu ihren Familien zu bekommen. Natürlich nehme ich die dort residirenden Engländer hiervon aus, welche auch hier wie überall ihre gastlichen Eigenschaften beibehalten haben.

Wer nun aber längere Zeit einen gezwungenen Aufenthalt auf diesen Inseln haben sollte, der bleibe nicht in der Stadt, sondern mache Ausflüge, und ob er diese zu Fuss mache, oder mit jenem antiken Einspänner ohne Springfedern, er wird seine Spaziertouren nicht bereuen. Malta hat die lieblichsten Buchten, viele interessante Ruinen aus phönicischer Zeit, von denen ich hier nur Hedjer Kim, Mnaidra und die merkwürdige natürliche Einsenkung Makluba nenne. Auch Gozzo mit seinem ebenfalls aus phönicischer Zeit stammenden Riesenthurm ist eines Besuches werth; kurz wenn man nicht seinen Aufenthalt auf Lavalletta selbst beschränkt, kann man 14 Tage recht gut auf Malta hinbringen.

Erst am 11. December war der „Trabulos Garb", ein türkischer Dampfer, welcher dem Schich el bled von Tripolis gehört, segelfertig. In den Wintermonaten ist es gar nicht angenehm und oft sehr gefahrvoll auf dem Mittelmeere, und Jeder erinnert sich noch wohl der heftigen Stürme, welche gerade in dem Monat auf unserer Hemisphäre stattfanden. Zudem kam noch, dass „Trabulos Garb" so eben erst eine unheilvolle Katastrophe erlebt hatte: Von Smyrna abgehend mit für Tripolitanien bestimmten Soldaten, sprang der Kessel noch ehe der Dampfer den Hafen verlassen hatte. Der Maschinist, die Heizer und über 50 Soldaten waren augenblickliche Opfer, wie viele aber noch später starben infolge von Verwundungen, hat man nie erfahren können; in dem türkischen Reiche kümmert man sich um dergleichen nicht. Andererseits bot jedoch jetzt das Dampfschiff eine gewisse Garantie, denn in den Docks von Lavalletta mit einem neuen Kessel versehen, durfte man annehmen, dass das Schiff nur seetüchtig entlassen worden sei. Ueberdies war es das einzige Mittel, um nach Tripolis zu kommen, wenn man nicht mit einem Segelschiffe, die im Winter jedoch noch weit gefährlicher und unsicherer sind, die Fahrt hätte machen wollen.

Die Einpackung und Verladung der vielen Kisten hatte unser norddeutscher Consul, Hr. Ferro, schon besorgt, und überhaupt während der ganzen Zeit meines Aufenthaltes in Malta sowohl als auch später in Tripolis nicht aufgehört, auf das Liebenswürdigste sich meiner Sache anzunehmen.

Unsere Ueberfahrt nach Tripolis war eine sehr gute, schon nach 30 Stunden erreichten wir das afrikanische Ufer. Oea mit seinen grossen Palmenwäldern lag vor uns, und einen Augenblick später konnten wir schon die einzelnen Häuser unterscheiden. Angesichts der Stadt, liess ich mit Bewilligung des Capitains unsere norddeutsche Flagge am Hauptmaste aufhissen, es war das erste Mal, dass sich dieselbe vor Tripolis zeigte; für meine vielen Freunde und Bekannten daselbst sollte es zugleich ein verabredetes Zeichen sein, dass ich mich an Bord befände. Und kaum hatte man unsere Flagge bemerkt, als sämmtliche Consulatsfahnen an ihren hohen, langen Mastbäumen emporstiegen. Nirgends ist wohl unsere deutsche Flagge ehrenhafter und freudiger bei ihrem ersten Erscheinen begrüsst worden; die Stadt hatte ihr sonntäglichstes Aussehen angenommen. Die Formalitäten des Passes, der Douane und der Sanitätspolizei waren rasch durchgemacht, und kurz nachdem wir Anker geschmissen hatten, konnten wir landen.

Die Ankunft des Dampfers, der zugleich die verschiedenen Posten aus Europa bringt, ist für eine so abgelegene Stadt wie Tripolis immer ein Ereigniss, und die ganze Stadt findet sich dann am Quai des Hafens versammelt; auf diese Art konnte ich auf Ein Mal fast meine sämmtlichen Bekannten begrüssen, fast alle waren auf dem Quai versammelt.

Ich hielt mich nicht lange in der Stadt auf, sondern fuhr gleich nach der Mschia hinaus, wo Consul Rossi mit bekannter Liebenswürdigkeit seinen Landsitz zu meiner Disposition gestellt hatte. Tripolis hatte einen weiteren Schritt in der Civilisation gemacht: es hatte ein Fuhrwerk bekommen, eine kleine Malteser „Kascha", welche Droschkendienst verrichtete. Früher hatten nur der Pascha und einige der Consuln Wagen, jetzt konnte sich jeder,

wer einige Piaster über hatte, das Vergnügen des Fahrens machen, und oft
genug sah man elegant gekleidete Judendandi's, die noch vor wenigen Jahren
baarfuss bei jedem Moslim vorbeigehen und sich jedwede Schmach von
einem fanatischen Druisch gefallen lassen mussten, die Kascha benutzen,
und durch Extrabakschische angefeuert, fuhr der Kutscher sie zum Aerger
der Rechtgläubigen in rasender Geschwindigkeit über den Grossen Platz,
zwischen Stadt und Mschia.

Unsere Sachen waren auch bald in dem Landhause des Herrn Rossi, das recht
freundlich und heimisch in einem Palmgarten gelegen ist, angekommen; die
nach Bornu bestimmten Sachen liess ich indess alle in einem eigens dazu
gemietheten Hause in der Stadt. Beim Auspacken fand sich, dass alle
unversehrt, mit Ausnahme einer grossen Glasglocke übergekommen waren.
Die noch fehlenden Sachen: Kameele, Seidenstoffe, Corallen etc., wurden
nun auch gleich eingekauft, da man dergleichen in Tripolis besser, und eigens
für den Geschmack der innern Völker hergerichtet, bekommen kann, als in
Europa. Ich hatte hier wieder Gelegenheit, zu bewundern, wie die
Tripolitaner, seien es Christen oder Juden, es geschickt anzufangen wissen,
einem Fremden gegenüber den Uneigennützigen zu spielen, ohne dabei im
Mindesten ihren oft beträchtlichen Gewinn aus den Augen zu verlieren. Man
sollte in der That meinen, wenn man es mit diesen Leuten zu thun hat, als
ob sie beim Verkauf verlören, und trotzdem, wenn sie Fünfzig auf Hundert
gewinnen, glauben sie schlechte Geschäfte gemacht zu haben—denn sie
hätten ja hundert Procent und mehr gewinnen können. Es ist dies übrigens
so natürlich, dass ich mich gar nicht darüber wundern sollte: Die Juden und
Christen leihen den Arabern ihr Geld zu 5 Procent monatlich; 2 Procent oder
1½ Procent monatlich zu nehmen, sind seltene Fälle, ein solcher Mann ist
sicherlich   ein   Ehrenmann,   und   wird   allgemein   wegen   seiner
Uneigennützigkeit gelobt. Die meisten, oder man kann fast sagen, alle in
Tripolis lebenden Juden und Christen haben auf diese Weise ihr Geld
verdient, denn der eigentliche reelle Handel wirft in Tripolis keinen grossen
Gewinn ab.

Welch merkwürdige Schicksale hat aber diese Stadt erlebt und welche
Zukunft steht ihr noch bevor, wenn sie einst wie Algerien in die Hände einer
aufgeklärteren Regierung kommen sollte. War nicht das alte Tripolis jener
Dreistädteverein Leptis magna, Oea und Sabratha, einst eine der blühendsten
und reichsten Colonien am Nordgestade Afrika's? Ohne hier einen Abriss
der Geschichte der Stadt geben zu wollen, welche sich auch gar nicht, was
die alte Zeit anbetrifft, von der Geschichte aller Städte und Colonien
Nordafrika's trennen lässt, werden gewiss meine Leser gern einen Blick in die
Vergangenheit thun, um zu sehen, unter welchen Verhältnissen Tripolis das
geworden, was es jetzt ist.

Im heutigen Tripolitanien hausten im Alterthume nach Herodot die Nasomonen, welche um die grosse Syrte nomadisirten und uns als verwegene und gefährliche Seeräuber geschildert werden. Unter Augustus bekriegt, verschwinden sie von der Seeküste und statt ihrer führt Ptolemäus die Makakutae und die höhlenbewohnenden Lesaniki an, die Nasomonen verlegt er weiter ins Innere. Westlich von den Nasomonen grenzten die Psylli und von diesen wieder westlich die Maccae. Im äussersten Westen des heutigen Tripolitanien waren nach Scylax die Lotophagen. Andere Völkerschaften werden von Herodot und Ptolemäus im Innern genannt, als die Machlyes, Auses, Nigintini, Astskures etc. Am bekanntesten von allen waren jedoch die Garamanten, welche wir heutzutage, wenn auch nicht in Tripolitanien, so doch im Stamme der Tebu südlich davon deutlich wiedererkennen. Aus allen Angaben aber müssen wir schliessen, dass die Garamanten früher das ganze heutige Kaimmakamlik Fesan inne hatten.

Während die Kenntniss von den Garamanten unter den Griechen sich gänzlich verlor, tauchte dieses Volk unter römischer Herrschaft wieder auf, und wir finden nun auch zum ersten Mal den Namen Fesan, Phasania genannt, erwähnt. Plinius führt uns eine Menge Städte und Oerter der Garamanten auf mit der Hauptstadt Garama. Ob übrigens die Garamanten eine so grosse Ausdehnung gehabt haben, wie die Alten es annehmen und auch noch einige Gelehrte der Neuzeit, möchte nicht ganz erwiesen sein, man müsste denn ganz Bornu als ihnen damals unterworfen betrachten. Die Hauptstadt Garama finden wir im heutigen Djerma in Fesan wieder, auch Krema in Tibesti erinnert an Garama, sowie Berdoa an Borde in eben dem Lande.

Zu diesen an der Küste wohnenden Libyern, welche von den Römern Numider (vom Worte νομάδες, herumziehende Völker) genannt wurden, kamen zur Zeit der trojanischen Kriege phönicische Handelsleute: so entstand Leptis, Oea, Sabratha und die wichtigste Colonie von allen, Carthago. Während so die Geschichte Tripolis' mit der von Carthago eng Hand in Hand geht, sehen wir dann, wie Massinissa, ein numidischer König, sich mit Hülfe der Römer an der Küste ein unabhängiges Königreich gründet. Nach dem zweiten punischen Kriege war er Herrscher fast des ganzen heutigen Tripolitanien mit Ausnahme von Cyrenaica. Die Empörung Jugurtha's, des Enkels von Massinissa, gegen römische Vormundschaft, die Herrschaft Juba's führten dann diese Länder bald gänzlich in die Gewaltherrschaft der Römer.

Mit dem Einbruche der Vandalen und später der Araber wurde das Christenthum, welches an der ganzen Nordküste von Afrika in mehr denn 500 Bischofssprengeln gelehrt wurde, zu Grabe getragen; und im Jahre 647 erschien Abd Allah, vom Kalifen Otman geschickt, unter den Mauern Tripolis'. Im Jahre 680 sehen wir alle Berberstaaten durch Akbah unterworfen, und im neunten Jahrhundert finden wir die Aglabiten in Tripolis herrschend. Obgleich nun die Stadt vom tapferen Normannenkönig Roger im Jahre 1146 den Mohammedanern wieder entrissen wurde, bemächtigten sich unter Abd el Mumin schon im Jahre 1159 wieder die Almohaden des Ortes. Darauf unter dem Scepter von Abu Fares von Tunis, eroberten 1510 die Spanier die Stadt unter Peter von Navarra. Dieser schleppte alle mohammedanischen Einwohner fort, Carl V. erlaubte ihnen jedoch zurückzukehren und die Stadt, zwar ohne Wälle, wieder aufzubauen. 1530 wurde Tripolis von Carl V. an die Malteser Ritter gegeben, aber schon drei Jahre darauf vom berüchtigten Seeräuber Barbarossa erobert; dieser wurde jedoch von Carl wieder vertrieben und bis 1551 blieb sie unter der Herrschaft des Malteser Kreuzes, um in diesem Jahre für immer durch den türkischen Admiral Sinan Pascha dem Halbmonde unterworfen zu werden.

Zwar hatten die Türken auch nicht viel Ruhe und Frieden, schon acht Jahre darauf empörte sich ein Scherif und wurde nur nach vielen Anstrengungen unterdrückt. Ausserdem kam es jetzt der häufigen Seeräubereien der Tripolitaner wegen zu häufigen Conflicten mit den christlichen Mächten. Durch Verträge geschützt waren nur die Engländer und Franzosen, aber auch diese mussten von Zeit zu Zeit Expeditionen senden, um mit Gewalt die Aufrechthaltung der Verträge zu erzwingen. So sandte Cromwell im Jahre 1655 den Admiral Blake, um Genugthuung zu fordern; 1675 erschien Sir John Narborough vor Tripolis, um begangene Verräthereien der Piraten zu züchtigen. 1683 zerstörte der französische Admiral Duquesne im Wasser von Tripolis eine grosse Zahl von Piratenschiffen, und zwei Jahre später legte sich d'Estrées vor die Stadt und bombardirte sie; erst nach Abschluss eines Vertrages und nach Zahlung von 500,000 Fr. hob d'Estrées die Belagerung auf.

Im Jahre 1714 trat endlich für Tripolis ein wichtiges Ereigniss ein. Hammed Caramanli, ein Araberchef, der zugleich Häuptling einer Reiterabtheilung war, unter dem türkischen Pascha, benutzte dessen Reise nach Constantinopel, um sich zu empören und unabhängig zu machen. Durch List hatte er die türkischen Soldaten aus der Stadt zu entfernen gewusst, und dann zu einem grossen Feste, was an Beamten und Officieren übrig blieb, eingeladen. Als die Türken sich, der Einladung folgend, zu Hammed Caramanli begaben, wurde einer nach dem andern beim Eintreten in sein Haus getödtet, und wer sonst von den Türken noch übrig war, wurde am folgenden Tage ermordet gefunden. Die Zahl der Eingeladenen zum Festessen betrug allein 300 Personen, welche alle erdrosselt wurden. Hammed schickte nun gleich grosse Geschenke, das Eigenthum der ermordeten Personen, nach Constantinopel, und der Grossherr hatte die Schwäche, seine Regierung anzuerkennen und zu bestätigen.

Die Caramanli's haben dann die Regierung bis zum Jahre 1835 inne gehabt.

Aber auch unter den Caramanli's gestalteten sich die Verhältnisse mit den christlichen Mächten nicht gleich von vornherein günstig. 1728 schon sah Frankreich sich genöthigt unter Grandpré von Neuem eine Flotte gegen Tripolis zu schicken, welches von seinem alten Piratenunwesen nun ein Mal nicht lassen wollte. Im Jahre darauf wurde ein neuer Vertrag geschlossen. 1766 musste Prinz Listenois im Auftrage der französischen Regierung für erlittene Unbill Genugthuung verlangen, und erhielt dieselbe. Im Jahre 1745 war der zweite Sohn Ali seinem Vater Hammed Caramanli gefolgt. Im Jahre 1790 wurde sein ältester Sohn von seinem jüngsten Sohne Jussuf getödtet, worüber ein blutiger Civilkrieg ausbrach; Jussuf hatte aber durch einnehmendes Wesen und Geldbestechungen sich einen so grossen Anhang zu verschaffen gewusst, dass Ali, um dem Kriege ein Ende zu machen, seinem Sohne, dem Brudermörder, verzieh und in Gnaden wieder aufnahm. Von anderer Seite aber drohte ihm Gefahr und hätte bald schon die Regierung der Caramanli's beendigt. Ein Abenteurer Namens Ali Bugul, landete 1793 in Tripolis und bemächtigte sich durch Verrath und Ueberrumpelung der Stadt. Keineswegs von der türkischen Regierung abgeschickt, scheint Ali Bugul geheime Unterstützung des Kapudan Pascha's gehabt zu haben. Der nach Tunis geflüchtete Ali Caramanli fand aber Hülfe beim Bei, derselbe kam nach Tripolis, vertrieb Ali Bugul und setzte die Caramanli wieder ein. Ali Bugul floh nach Aegypten. Der alte Ali Caramanli nahm aber die Regentschaft nicht wieder auf, sondern übergab dieselbe seinem zweiten Sohne Hammed, welcher aber gleich darauf vom Brudermörder Jussuf vertrieben wurde.

Während der französischen Expedition nach Aegypten, stand Tripolis im Geheimen zu den Franzosen, General Vaubois auf Malta, wurde während der Belagerung mit Lebensmitteln unterstützt. Als Jussuf Pascha nachher durch die Drohungen der Engländer gezwungen, offen den Krieg an Frankreich erklären musste, instruirte er heimlich seine Corsaren den französischen Pavillon zu schonen. Ja, es scheint, als ob Napoleon einen Augenblick daran gedacht habe, seine Armee durch Tripolitanien aus Aegypten zu ziehen. 1801 wurde von ihm ein gewisser Xavier Naudi, geborner Malteser, nach Tripolis geschickt, und derselbe schloss mit Jussuf am 18. Juni des Jahres Frieden. In den Stipulationen war hauptsächlich die freie Communication von Gütern und Personen zwischen Tripolitanien und Aegypten betont. Die bald darauf erfolgende Räumung der französischem Truppen machten jedoch diese Clausel überflüssig.

Im Jahre 1819 wurde durch Freemantle und Jurien de la Gravière der Regentschaft die Beschlüsse von Aachen mitgetheilt, wie das in Algier und Tunis geschehen war, und Jussuf, besonders da man das Recht schwarze Sklaven zu halten und zu kaufen nicht antastete, nahm offen alle Bedingungen an. Es war hiemit ein grosser Schritt gewonnen. Denn durch diesen Vertrag bekommen zum ersten Male die Schiffe der kleinen Mächte, wie Toscana, der Kirchenstaat, die Hansestädte, Hannover und Preussen, dieselbe Berechtigung wie die Fahrzeuge der Staaten, welche wie Oesterreich, Frankreich und England Verträge mit den Berberstaaten hatten. Wenn mit diesem Aachener Vertrage ein für alle Mal die Piraterie aufgehoben war, so waren damit alle anderen demüthigenden Verträge auch vernichtet. Ich schreibe das Wort „demüthigend", denn obwohl seit Jahrhunderten Engländer, sowohl wie Franzosen mittelst ihrer Flotte die Macht gehabt hätten, längst die Piraterie zu zerstören, und diese Raubstaaten bei wiederholten Gelegenheiten dem Erdboden hätten gleichmachen können, so schlossen sie doch selbst die schimpflichsten Verträge ab, bloss um den Handel der kleinen christlichen Mächte, welche keine Kriegsflotte zum Schutze ihres Handels hatten, gänzlich zu vernichten. Was sagt man dazu, dass in dem am 2. Aug. 1729 zwischen Frankreich und Tripolis geschlossenen Frieden festgesetzt ist: „dass die Corsaren französische Pässe vom französischen Consul erhalten, um sie vor den französischen Kriegsschiffen zu sichern, dass sie in den französischen Häfen Schutz finden können, aber nur Prisen in der Entfernung von 10 Meilen vom französischen Ufer machen dürfen. Die französischen Kriegsschiffe dürfen die Piratenschiffe untersuchen, aber das Durchsuchungsrecht ist auch den Piraten für die französischen Kauffahrer gewährt." Es versteht sich von selbst, dass alle Schiffe, welche nicht französisch oder englisch waren, den Piraten als verfallen betrachtet wurden. Mit dem Jahre 1819 waren solche Zustände glücklicher Weise überwunden.

Im Anfange der zwanziger Jahre hatte Jussuf eine Rebellion seines Sohnes, welcher Statthalter in Bengasi war, zu unterdrücken, und übermüthig geworden, glaubte er nun an Sardinien einen leicht zu besiegenden Gegner gefunden zu haben. Dieser Staat war interimistisch durch einen Agenten in Tripolis vertreten, und als dieser sich weigerte, das übliche Geschenk an den Pascha zu entrichten, liess Jussuf seinen Pavillon herabziehen, und erklärte Krieg an Sardinien. Es dauerte aber nicht lange, so erschien Admiral Sivoli mit sardinischen Schiffen vor Tripolis, und Jussuf Pascha, jetzt eingeschüchtert, wollte durch das englische Consulat unterhandeln, verlangte aber dummerweise zum Segen des Friedensschlusses gleich von vornherein die Summe von 30,000 Piastern. „30,000 Kugeln soll er haben," antwortete der tapfere Sivoli und die Beschiessung der Stadt begann sofort. Es versteht sich von selbst, dass die Sardinier nach kurzer Zeit erlangten, was sie wollten, der Stolz Jussuf's war gebrochen.

Etwas später kam auch ein neapolitanisches Geschwader vor Tripolis, um für erlittene Unbillen Genugthuung zu verlangen, aber nicht so energisch wie die Piemontesen, musste es unverrichteter Sache wieder abziehen.

Durch seine eigenen Unterthanen, die nun einmal die gewinnreiche Piraterie nicht aufgeben wollten, wurde der Regierung Jussuf's die meisten Unannehmlichkeiten bereitet; so im Jahre 1826, wo drei unter päpstlicher Flagge fahrende Kauffahrer gekapert wurden. Der Papst selbst ohnmächtig, seine Unterthanen gegen die mohammedanischen Seeräuber zu schützen, wandte sich an Frankreich, und das schickte unter Arnous de Saulsays eine Flotte, welche die Herausgabe der drei Schiffe bewerkstelligte. Da aber Jussuf Pascha dem päpstlichen Stuhle ausserdem eine starke Entschädigungssumme zahlen musste, so suchte er sich durch die kleinlichsten Chikanen an dem derzeitigen französischen Consul zu rächen. Zu der Zeit war im Innern der englische Reisende Major Laing ermordet worden, und Jussuf Pascha scheute sich nicht, den französischen Consul der Mitwissenschaft dieses Mordes und namentlich des Besitzes der Papiere Laing's anzuklagen. Da Herr Rousseau, der französische Consul, vom Pascha keinen bestimmten Widerruf erlangen konnte, strich er seinen Pavillon und schiffte sich nach Frankreich ein. Der darüber zwischen Paris und London ausbrechende diplomatische Briefwechsel, hatte eine gründliche Untersuchung des Vorganges zur Folge, bei der sich die Unschuld des französischen Consuls auf's glänzendste herausstellte. Das französische Gouvernement benutzte diese Gelegenheit indess, um Tripolis ein für alle Mal eine tüchtige Lection zu geben, und einen Monat später als die Einnahme Algiers, erschien Gegenadmiral Rosamel vor der Stadt und legte der Regierung Bedingungen auf, welche aber trotz der Demüthigung, welche sie enthielten, angenommen wurden. Frankreich trat hier als Fürsprecher der ganzen Christenheit auf, denn ausser den Entschuldigungen, welche der Pascha wegen seiner Verläumdungen machen musste, wurde die unbedingte Aufhebung christlicher Sklaverei und jeder Piraterie und die Abschaffung gewisser Geschenke, welche einige kleine Staaten noch leisteten, decretirt.

Zu diesen äusseren Complicationen, welche den Schatz des Paschas verminderten, und da sie immer mit einer Demüthigung für die Regierung Tripolis endeten, dessen Ansehen im Inneren der Provinz schwächten, kamen nun noch Revolten und Empörungen der eigenen Unterthanen, so dass man jetzt schon den Untergang des alten Jussuf's voraussagen konnte.

Ein gewisser Abd el Djelil, Kaid der uled Sliman, empörte sich offen 1831, marschirte auf Fesan los, und bemächtigte sich dieses Landes. Jussuf schickte seine Söhne Ali und Ibrahim ab, um ihn zu verfolgen, als sie aber den Djebel Ghorian passirten, empörten sich die Bergvölker, und zwangen sie zu einer eiligen Umkehr nach Tripolis. Um das Unglück des Pascha's voll zu machen, präsentirte sich 1832 eine englische Flotte unter Dundas, und verlangte für rückständige Schulden an britische Unterthanen die Summe von 200,000 spanischen Piastern. Dem Pascha waren nur 48 Stunden Zeit gegeben. Da es ihm unmöglich war, diese Summe so schnell zusammen zu bringen, denn seine Geldnoth war so gross geworden, dass er sogar schon die bronzenen Kanonen des Forts an die christlichen Kaufleute verkauft hatte, so zog der englische Generalconsul Warrington seine Flagge ein und begab sich an Bord des Kriegsschiffes. In dieser argen Klemme liess sich Jussuf verleiten, die Bewohner der Mschia mit einer Kriegssteuer zu belegen. Diese, die von Alters her immer von allen Steuern frei gewesen waren und es auch noch sind, wofür sie jedoch kriegpflichtig waren, antworteten sogleich mit offener Empörung; aber dabei blieben sie nicht stehen, sie erklärten Jussuf Pascha für abgesetzt, und zu seinem Nachfolger Mohammed Caramanli! Zu spät war es jetzt, die Ordre für die Mschia zurückzunehmen, zu spät, dass er seine Söhne nach Sauya schickte, um sich an die Spitze der Araber im Sahel, welche sich für ihn erklärt hatten, zu setzen. Nichts half mehr, Die Mschia blieb in Revolte, und seine Söhne flüchteten sich zu Schiff nach Tripolis zurück. Obgleich er in dieser Stadt nun noch 1200 treugebliebene Soldaten hatte, sah er doch ein, dass er den Umständen weichen müsse, und dankte zu Gunsten seines Sohnes Ali Caramanli ab.[3]

Die Consulate von Europa setzten sich gleich mit Ali in Verbindung, und auch Major Warrington, der englische Generalconsul, kehrte nach Tripolis zurück, sobald er die Abdankung Jussuf's erfahren hatte. Statt aber wie thunlich, seine Residenz in Tripolis (die Stadt war noch immer belagert) zu nehmen, bezog er sein in der Mschia gelegenes Landhaus, befand sich also inmitten der Rebellen. Es ist wohl zu natürlich, anzunehmen, dass dies absichtlich geschah, jedenfalls schöpften die Rebellen dadurch Hoffnung für ihre Sache, da sie mit Recht glaubten, England unterstütze ihre Sache. Durch einen gewissen Mohammed bit el mel, der früher Uisir von Jussuf Pascha gewesen war, und sich in Malta befand, wurden sie überdies von dieser Insel aus mit Nachdruck unterstützt. Mohammed bit el mel rüstete sogar ein kleines Geschwader von drei Schiffen aus, man braucht wohl kaum zu fragen mit wessem Gelde, indess obschon die Schiffe vor Tripolis erschienen, konnten sie doch nichts Ernstliches ausrichten.

Während so einerseits durch England unterstützt, die Rebellen der Mschia den Muth nicht verloren und fortwährend die Stadt cernirt hielten, gewann anderer Seits Ali Pascha Terrain. Abd el Djelil hatte Verhandlungen mit ihm angeknüpft, ihm sogar einige Soldaten zur Unterstützung nach Tripolis gesandt, und ein gewisser Rhuma, der im Djebel sich unabhängig erklärt hatte, bot ebenfalls unter Bedingungen seine Unterwerfung und Hülfe an. In Bengasi hatte man sich vollkommen dem neuen Pascha unterworfen und Ali der Stadt seinen Bruder Otman als Gouverneur geschickt. Um die Unterwerfung der Provinz noch mehr zu beschleunigen, schickte Ali seinen Bruder Ibrahim zu Rhuma, und vereint brachen diese gegen Sauya auf, wo sich Mohammed Caramanli, der Rebellen-Pascha aufhielt. Dieser wurde auch geschlagen, und wenn jetzt die vereinigten Consulate zu Ali Pascha gehalten hätten, wäre sicher bald die ganze Provinz wieder dem rechtmassigen Nachfolger von Jussuf Pascha unterworfen worden.

Aber England hat von jeher eine eigene Politik im Orient verfolgt; wobei die Hauptsache die war, die Türkei soviel wie möglich zu kräftigen, und gewiss war der Plan, Tripolitanien in die Hände der Pforte zu spielen, schon längst vorbereitet. Dass es sich dabei hauptsächlich darum handelte, den Einfluss Frankreichs auf der Nordküste von Afrika zu schwächen, liegt auf der Hand, denn Frankreich hatte eben erst Algerien erobert, früher schon mal Aegypten besessen, war also mehr als irgend eine andere Macht von den Bewohnern Nordafrika's gefürchtet.

Tripolis Stadt wurde den Türken ohne Blutvergiessen in die Hände gespielt. Eine geistige Suprematie der Pforte, hatten auch die Caramanli immer noch anerkannt, und obgleich sie unabhängig regierten, sie jährlich durch Absendung von Geschenken nach Constantinopel bethätigt. Jetzt hiess es auf einmal, es sei Zeit, dass die Pforte intervenire, um dem Streite der Parteien ein Ende zu machen. Der Sultan kam nur zu gerne dieser Aufforderung nach und schickte 1834 einen Gesandten, Schekir Bei, nach Tripolis, um Aufklärung über die Sachlage zu bekommen. Schekir Bei kehrte nach Constantinopel zurück, und auf seinen Bericht, wurde Ali Caramanli als Pascha von Tripolis bestätigt, mittelst eines grossherrlichen Firmans, und die Insurgenten zugleich aufgefordert, sich ihm zu unterwerfen. Diese aber waren, durch die Anwesenheit des englischen Generalconsulates in ihrem Hauptquartiere zuversichtlich gemacht, nichts weniger als entmuthigt, hatten sogar die Kühnheit, gleich nach dem Abgange von Schekir Bei, die Stadt zu bombardiren.

Auf dieses hin liess nun die türkische Regierung eine Flotte von Constantinopel mit 6000 Soldaten nach Tripolis abgehen. Den europäischen Mächten wurde einfach mitgetheilt, es handle sich nur darum, Ali Caramanli in Tripolis Achtung und Gehorsam zu verschaffen. Die Flotte, von Nedjib Pascha commandirt, kam vor Tripolis an und der türkische Befehlshaber setzte sich gleich mit Ali Caramanli in Verbindung. Dieser, mit allen seinem Range zukommenden Ehren von den Türken behandelt, gab zu, dass die Soldaten debarquiren und das Fort besetzen durften, und als er dann sich selbst, um Nedjib Pascha einen Besuch abzustatten, auf's Admiralschiff begab, am 26. Mai 1835, wurde ihm einfach seine Absetzung vorgelesen und ihm gesagt, er würde nach Constantinopel transportirt werden. Am selben Tage noch verlas Nedjib Pascha den Firman, der ihn zum Gouverneur von Tripolitanien ernannte, liess die Thore der Stadt öffnen, und die Rebellion der Mschia war wie ausgelöscht, da Mohammed, der Prätendent, gleich nach Mesurata floh, und sich dort entleibte.

Aber obschon nun die Türken Herren der Stadt und der nächsten Umgebung derselben waren, hatten sie damit noch keineswegs die ganze Regentschaft unterworfen. Angesichts der Eroberung Algiers durch eine christliche Macht, fühlten jedoch alle Mohammedaner der Nordküste Afrikas instinktartig, dass allein ein Anschluss an die nach ihrem Glauben allmächtige Dynastie der Osmanli, sie vor einem ähnlichen Schicksale bewahren könne. Wir können deshalb auch gleiche Phänomene in Tunis wahrnehmen, wo Unabhängigkeitsgelüste der Furcht vor einer christlichen Eroberung die Waage halten. Nur in Marokko sehen wir bei dem Volke das Bewusstsein seiner Kraft unerschüttert, vermehrt durch den festen Glauben an das Kalifat seiner Sultane. Und selbst die Niederlage von Isly konnte im marokkanischen Volke niemals den Gedanken aufkommen lassen, sich Constantinopel in die Arme zu werfen. In Aegypten hingegen war das Volk durch Unterdrückung und Sklaverei seit Jahren ganz unzurechnungsfähig geworden; was aber die Herrscher des Landes anbetrifft, so constatiren wir hier, schon lange vor 1835, in welchem Jahre sich die Pforte Tripolitaniens bemächtigte, ein allmäliges Fortschreiten auf der Bahn gänzlicher Unabhängigkeit.

Und so müssen wir denn, wenn wir die grosse Geschwindigkeit bewundern, mit der die Türken Tripolitanien zu einer der ruhigsten und sichersten Provinz des ganzen Reiches gemacht haben, auch nie aus den Augen verlieren, dass die um ihre Religion besorgten Mohammedaner, so sehr sie auch immer türkische Raublust und Grausamkeit hassten und fürchteten, andererseits wenigstens, was den grossen Haufen anbetrifft, von der Nothwendigkeit der türkischen Herrschaft überzeugt waren.

Der erste türkische Gouverneur Nedjib Pascha blieb nur 3 Monate auf seinem Posten, ihm folgte Mehemmed Raïf Pascha, im August 1835. Seine erste Massregel, welche er verfügte, war die Ausweisung aller noch lebenden Caramanlis, resp. ihre Verbannung nach Constantinopel. Otman, von seinem Vorgänger zum Gouverneur von Bengasi gemacht, entzog sich diesem Schicksal durch seine Flucht nach Malta. Abd el Djelil verhielt sich um diese Zeit ruhig im Besitze Fesans, und ebenso Rhuma im Djebel, der Bei Otman von Mesurata schrieb einen Unterwerfungsbrief, aber damit hatte es auch sein Bewenden. Schon 1836 wurde wieder ein neuer Gouverneur geschickt, da die Pforte immer zu besorgen schien, dass ihre eigenen Gouverneurs eine Unabhängigkeitserklärung versuchen würden, es war Taher Pascha, der sich hauptsächlich durch seine Unverschämtheit gegen die Europäer auszeichnete, Intriguen mit Tunis unterhielt, und sogar den Bei von Constantine unterstützen wollte. Zu seiner Zeit fällt denn auch die Absendung einer anderen türkischen Flotte unter dem Capudan Pascha Ahmed, welche heimlich wohl Tunesien zur Unterwerfung unter die Pforte verhelfen, dann auch den Bei von Constantine unterstützen sollte. Das französische Geschwader unter Lalande vereitelte dies jedoch, und später hatte Prince Joinville den Auftrag von seiner Regierung an den Bei von Tunis, dass Frankreich auf alle Fälle den Status quo aufrecht erhalten würde.

Nach Taher Pascha folgte August 1838 Hassan Pascha. Derselbe erkannte Rhuma als Chef vom Djebel an und unterhandelte auch mit Abd el Djelil, welcher sich anheischig machte dem Gouverneur von Tripolitanien jährlich 25,000 spanische Piaster zu zahlen. Da Hassan Pascha aber auch den rückständigen Tribut verlangte, wurden die Verhandlungen abgebrochen, und Abd el Djelil verband sich in Folge davon mit Rhuma. Als aber 1840 schon in der Person von Asker Pascha wieder ein neuer Pascha als Gouverneur kam, wurde ein anderer Vertrag mit den beiden Chefs gemacht, in Folge dessen wie früher Abd el Djelil 25,000 und Rhuma 5000 spanische Piaster der Regierung entrichten sollte. Aber wie immer sind die Verträge mit den Arabern leicht gemacht, geschrieben und beschworen, wenn es jedoch zur Ausführung derselben kömmt, sind sie gegen Gleichgläubige ebenso wortbrüchig, als gegen Ungläubige. In Algerien haben die Araberchefs fast alle Zeit ihre Wortbrüchigkeit gegen die Franzosen damit zu beschönigen versucht, sie seien nicht gebunden, was aber nach den Lehren des Islam keinenfalls ganz gerechtfertigt ist, dem Kafr ein gegebenes Wort zu halten; verfolgen wir aber ihre Handlungen in Tripolitanien, so finden wir da gegen die Türken, welche doch Rechtgläubige sind, ebenso oft Wortbrüchigkeit.

Und so auch hier, als es zur Zahlung kommen sollte im Jahre 1841, weigerte sich sowohl Rhuma als auch Abd el Djelil, die eingegangenen Verpflichtungen zu erfüllen, und es kam von Neuem zum Kriege. Obschon nun der Vortheil immer auf Seiten der Türken war, welche eine wohldisciplinirte Truppe mit Feldartillerie versehen, den unregelmässigen Araber-Reitern entgegensetzen konnten, so war es doch schwer, der beiden Chefs habhaft zu werden: Das Terrain war diesen vollkommen bekannt, und überall zahlreiche Ausgänge und Schlupfwinkel, die den Türken gänzlich unbekannt waren, zudem zog Abd el Djelil bei irgend einer grösseren Gefahr sich einfach in die Wüste zurück, wohin die türkische Infanterie und Artillerie nicht folgen konnte.

Was indess die Pforte mit Gewalt nicht erreichen konnte: eine schnelle Unterwerfung des Landes mittelst der Waffen, erreichte sie mit List, und England lieh bereitwilligst seine Hand dazu. Im Jahre 1842 schlug der englische Generalconsul von Tripolis dem an der Syrte herumstreifenden Abd el Djelil eine Zusammenkunft am Ufer des Meeres in der Nähe von Mesurata vor, und dieser im Glauben, England wolle ihn unterstützen, wie es ihn früher in seiner Rebellion gegen Jussuf Caramanli unterstützt hatte, ging bereitwilligst auf den Vorschlag ein. Zu Abd el Djelil's Verwunderung unterhielt der Consul ihn nur von der Abschaffung des Sklavenhandels, versprach ihm aber auch, wenn Abd el Djelil offen den Sklavenhandel in Fesan unterdrücken würde, er der Unterstützung Englands sicher sein könne.

Welche Versicherungen Abd el Djelil hierauf gegeben hat, sind wir nicht im Stande zu berichten, wohl aber wissen wir, dass Abd el Djelil gar nicht in seiner Macht hatte, den Sklavenhandel in Fesan zu ersticken und dass dies dem englischen Consulate bekannt sein musste.—Kaum hatte er sich vom englischen Consul beurlaubt, als eine Armee Asker Pascha's, die heimlich herangerückt war, über sein Lager herfiel, ihn selbst gefangen nahm und alle seine Truppen auseinander sprengte. Abd el Djelil wurde enthauptet, und sein Kopf war mehrere Tage aufgepfählt auf dem Hauptthore Tripolis' zu sehen. Im selben Jahre und Monat Juli wurde Asker Pascha durch den Gouverneur Mehemmed Emin Pascha abgelöst. Fesan hatte sich gleich nach dem Tode Djelil's unterworfen, ebenso auch Rhadames und somit hatte der neue Gouverneur nur noch den letzten Rebellen Rhuma im Djebel zu bekämpfen. Auch dies wurde durch List bewerkstelligt, indem der Pascha mit Rhuma Unterhandlungen anfing, und ihn dann mit dem feierlichen Versprechen eines freien Geleites nach Tripolis einlud. Sobald aber Rhuma, welcher wirklich der Einladung folgte, in der Stadt war, wurde er gefangen genommen und nach Constantinopel geschickt. Als hierauf im Djebel seine treuen Anhänger revoltirten, wurde der General Ahmed Pascha mit einer Armee vom Gouverneur gegen sie abgeschickt, und als dieser am Fusse des Djebels angekommen, die Häuptlinge zu einer Besprechung einlud, liess er sie sämmtlich bei dieser Gelegenheit hinrichten. 60 blutige Häupter konnte er nach Tripolis schicken. Zitternd und schaudernd unterwarfen sich nach dieser That, im Mai 1843, die Bewohner des Djebel. Die Türken errichteten dort einige Forts, legten darin Soldaten und Artillerie, um so für immer jede neue Revolte gleich im Keime ersticken zu können. Und so geschah es auch im folgenden Jahre, wo die Djebelbewohner unter Milud, einem alten Anhänger von Rhuma, noch einmal versuchten das Joch abzuschütteln. Nichts war seit dem Jahre 1845 mehr im Stande die Macht der Türken in Tripolitanien zu erschüttern, die ganze Regentschaft war ruhig und unterworfen.

Nach Mehemmed Emin Pascha wurden die Gouverneure nicht mehr so häufig gewechselt, erst 1846 wurde derselbe durch Ragut Pascha abgelöst. Und während früher die Besorgniss und das Misstrauen der Pforte so weit ging, dass den Gouverneuren nie gestattet wurde, Familie und Harem mit nach Tripolis zu nehmen, wurde auch dieses Verbot aufgehoben, und man fing an die Gouverneure meist 4 Jahre im Besitze ihres Amtes zu lassen. So notiren wir denn, 1848 im December den neuen Gouverneur Iset Pascha, im September 1852 Mustafa Nuri Pascha, im October 1855 Osman Pascha, 1859 Mahmud Pascha, welcher jetzt Marineminister ist, und welcher 1865 von Ali Riza Pascha, welcher heute noch functionirt, abgelöst wurde. Unter den Regierungen aller dieser Muschirs blieb das Land ruhig, Sicherheit[4] war überall, und Revolten scheinen auf immer den unterjochten Bewohnern Tripolitaniens vergangen zu sein.

Tripolitanien.

Unter der türkischen Regierung wird seit 1835 die Regentschaft Tripolis von einem Generalgouverneur, welcher den Titel Muschir hat, regiert. Man hat zu diesem Posten sowohl Leute aus dem Civilstande, als auch aus dem Militairstande genommen, und selbst aus der Marine hat man Admiräle schon als Gouverneure von Tripolitanien gesehen. Der Gouverneur kann nach Belieben der Pforte abberufen werden, und im Anfange der Eroberung machte das türkische Gouvernement oft genug Gebrauch davon, jetzt lässt man, wie schon gesagt, einen ein Mal installirten Muschir meist vier Jahre auf seinem Platze, was auch keineswegs, um sich mit allen Verhältnissen des Landes und der Bewohner bekannt zu machen, zu lange ist. Die Gewalt desselben ist heute nicht mehr eine unbeschränkte, das Recht über Leben und Tod steht ihm nicht zu, und in der Verwaltung der Provinz steht ihm die grosse Midjeles oder eine Rathsversammlung zur Seite. Dieser Rath umfasst die Personen der ersten Aemter, als Richter, Militaircommandant, oberster Geistlicher u.s.w. Wegen des Muschir kann man über dies nach Constantinopel an's Ministerium oder an den Grossherrn selbst appelliren, was jedoch selten Jemand zu thun wagt. Der Muschir bezieht von Constantinopel sein bestimmtes Gehalt, welches übrigens je nach seinem anderen Range variirt, als Gouverneur soll er fünfzigtausend Francs Einkommen haben.

Das in Tripolis stationirte Militair steht unter einem selbständigen Commando, und der Oberst-Commandirende hat gewöhnlich den Rang eines Generallieutenants. Meist sind nicht mehr als 6000 Mann regelmässige Truppen vorhanden, Infanterie und Artillerie. Diese werden immer aus anderen Provinzen des Reiches hergezogen, während die in Tripolitanien ausgehobenen Truppen in den übrigen Theilen des Reiches zur Verwendung kommen. Während dem Muschir nicht zusteht in die innere Administration der Truppen einzugreifen, so hat er indess die Macht über ihre Garnisonirung, und im Falle von Revolten, ertheilt er den Befehl zum Marsch und Angriff. Die in Tripolitanien bestehende Bürgermiliz, wie die z.B. der Mschia[5], wo jeder Mann geborner Soldat ist, dann die der Gensd'armen, Kavassen, Saptién u.s.w., stehen unter dem directen Befehl des Muschir's.

Was die Finanzen anbetrifft, so werden sie unabhängig vom Muschir verwaltet, und stehen unter der Leitung des Mohasebdji oder Chasnadar, welcher von dem Finanzministerium in Constantinopel seine Bestallung erhält, und demselben die Einnahmen abzuliefern hat, ebenso ist auch die Douane unabhängig vom Generalgouvernement verwaltet.

Die Einkünfte von Tripolitanien sind nicht genau bekannt, indess bringt das Land reichlich soviel auf, als die Beamten und das dort stationirte Militair an Gehalt und Sold erfordern, und in den meisten Jahren kann noch ein hübscher Ueberschuss nach Constantinopel abgeliefert werden. Durchschnittlich kann man den Ueberschuss auf jährlich 600,000 Francs anschlagen. Im Kriege gegen Russland erhob die Pforte zudem eine Extracontribution von 2,608,700 Francs. Die Einkünfte gehen hervor aus den directen Abgaben, welche von allen Producten des Bodens erhoben werden, und der Judensteuer, welche den einzelnen Gliedern dieses Glaubens von ihrem Rharham-Baschi oder Gross-Rabiner zugemessen wird. So zahlt z.B. jeder Oelbaum und jede Palme 2½ Piaster (und wenn es eine Lakbi gebende Palme ist, 5 Piaster), jedes Kameel 40 Piaster, jedes Rind 20 Piaster, 10 Schafe; 40 und 20 Ziegen 40 Piaster jährlich. Dass hierbei viele Umgehungen stattfinden, ist schon an anderen Orten erwähnt worden.

Die indirecten Abgaben, welche meist vom Gouvernement als Monopol dem Meistbietenden zugeschlagen werden, gehen hervor aus der Douane, die 5 Proc. Eingangszoll und 12 Proc. Ausgangszoll erhebt, aus dem Rechte Spirituosen zu machen und zu verkaufen, aus der Stempelung des Goldes und Silbers, welches, gleichviel ob alt oder neu, verarbeitet oder roh, geaicht sein muss, aus der öffentlichen Wage, da alle Sachen, welche en gros verkauft werden, durch einen Amin gewogen werden müssen; aus dem Fischertrage, indem alle Fische, welche auf den Markt gebracht werden, 8 Proc. ihres Werthes abgeben müssen; aus dem Fleische, welches ein Pächter sowohl der Armee zu einem im Voraus bestimmten Preise das ganze Jahr liefern muss, als er auch ausserdem von jedem Schafe 2½ Piaster und von jedem Rinde etwa 10–17½ Piaster, je nach der Grösse beim Schlachten geben muss, endlich aus dem Tabacks-Monopole und der Hara, d.h. das Vorrecht, den Dünger und die Unreinlichkeit aus den Städten zu schaffen. Dass die Einnahmen der indirecten Abgaben gar nicht gering sind, geht aus einer vom holländischen Generalconsul v. Testa zusammengestellten Tabelle vom Jahre 1851/1852 hervor, nach welcher die gesammten eben aufgeführten Monopole die Summe von 1,352,000 Francs für's Gouvernement ergeben. Zugleich ersehen wir aus denselben, dass die Einkünfte, folglich der Reichthum von Tripolitanien von Jahr zu Jahr zunehmen. Das eben Angeführte gilt für alle Städte und Orte, nur mit dem Unterschiede, dass die Grösse der erhobenen Abgaben, je nach dem Gouverneur oder Kaimmakam oder Mudir wechselt, indem zwar in den Liva auch die Finanzen nicht direct unter dem Kaimmakam stehen, derselbe aber in der Regel mit dem Kateb el mel oder Zahlmeister, welcher die Einnahmen unter sich hat, im Bündnisse ist. Ausserdem werden in den verschiedenen Liva noch andere Abgaben erhoben, so liess sich z.B. im Jahre 1865 der Kaimmakam von Fesan für jeden durchziehenden Sklaven ein Kopfgeld von 40 Piaster zahlen und erlaubte seinem Kavass-Bascha oder Polizeidirector am Thore noch 5 Piaster für jeden durchziehenden Sklaven zu erheben. Bewaffnete Araber mussten für eine Flinte am Thore auch 2 Piaster zahlen und dieser Brauch ist in Tripolis selbst auch, wenn wir nicht irren.

Die Exportation von ganz Tripolitanien kann man durchschnittlich jetzt im Werthe von 10–12 Millionen veranschlagen, die der Importation im Werthe von 5–6 Millionen, was eine Gesammtsumme von 15–18 Millionen Francs ergiebt. Mircher, der für die Stadt Tripolis die Gesammtsumme von 5,500,000 Francs angiebt, ist viel zu niedrig in seiner Schätzung. Dann sind aber auch die anderen Städte, wie Mezurata, Bengasi und Derna gar nicht bei ihm in Betracht gezogen.

Die Rechnung und das Geld in Tripolitanien sind jetzt eben so wie im übrigen türkischen Reiche. Die kleinste Münze ist der Para, die jedoch bloss noch imaginär existirt, man findet dann zehn Para-Stücke, Bu-Aschra- und zwanzig Para-Stücke, Bu-Aschrin genannt. Zwei Bu-Aschrin machen den türkischen Piaster und fünf Bu-Aschrin einen tripolitanischen Girsch (Groschen), 6 Bu-Aschrin nennt man Sbili. Es existiren auch einzelne Girsch und Sbili-Stücke. 10 Bu-Aschrin werden Baschlik genannt und solche Stücke existiren auch. 40 Bu-Aschrin oder 20 constantinopolitanische Piaster machen den Mahbub, solche Stücke existiren als Silbermünze. Als Goldmünze kommen 5 Mahbub-Stücke und 1 Mahbub-Stücke vor. Man sieht sie indess selten.

Die Scheidemünzen, Bu-Aschrin, Sbili und Baschlik sind alle von schlechter Alliage, die Mahbub-Stücke haben denselben Silbergehalt wie die französischen Silbermünzen.

Englisches und französisches Gold und Silber wird überall zu voll angenommen, am allgemeinsten ist jedoch der Maria-Theresien-Thaler verbreitet.

Als Gewicht dienen die Oka und das Rotol von Tripolis. Eine Oka hat 2½ Rotol und 100 Rotol bilden einen Cantar (Quintal), der also 40 Oka hat. Das Rotol wird in 16 Okia oder Unzen untergetheilt.

Beim Längenmass bedient man sich der türkischen Pic, eine Pic ist gleich einer Brabanter Elle und 1½ Pic gleich einem Meter und 1-1/3 Pic gleich 1 Yard.

Zum Kornmessen bedient man sich der Marta, wovon 15 Eine Ueba bilden. Zwei Marta sind gleich einem türkischen Kilo und 280 Kilo entsprechen 100 Hectolitres oder 83 Kilo = 1 Last.

Das Mass für Flüssigkeiten ist die Jarre, welche 6-1/8 Caraffa hat. Eine Jarre entspricht 10-2/3 Litres.

Die Gerechtigkeitspflege in Tripolitanien wird von einem Kadhi besorgt, welcher vom Schich ul Islam in Constantinopel ernannt wird. Dieser Kadhi hat das Recht, die anderen Kadhi der Provinzialstädte zu ernennen, welche officiell den Titel Naïb haben. In grösseren Sachen und namentlich wo Türken mit betheiligt sind, wird überall nach hanefischer Form Recht gesprochen, während alle Fälle zwischen Arabern, welche dem malekitischen Ritus anhängen, diesem gemäss entschieden werden. Ausserdem giebt es in allen grösseren Städten und Orten Adulen, welche eine Art von Rechtsgelehrten sind und auch Vollmachten und Schriften ausfertigen können, welche notarielle Kraft haben. Für Criminalfälle wird ein vom Muschir präsidirtes Medjeles thakik zusammengesetzt, das jedoch die Strafe des Todes nicht aussprechen kann. Ein anderes Medjeles tedjaret besorgt streitige Fragen in Handelsangelegenheiten, die angesehendsten eingebornen Kaufleute sind Beisitzer und wenn die Streitfrage zwischen einem Eingebornen und einem europäischen Kaufmann stattfindet, so sind im Medjeles tedjaret, auch europäische Kaufleute als Beisitzer. Die in Tripolitanien ansässigen Europäer sind nur richtbar von ihren resp. Consulaten. Kommen aber Fälle vor, wo Europäer mit Eingebornen Händel oder Zwistigkeiten haben, so wird in der Regel die Entscheidung dem Richter anheimgegeben, der des Beklagten Obrigkeit ist. Sucht also ein Eingeborner Recht gegen einen Europäer, so muss er sein Recht beim Consul holen, hat hingegen ein Europäer eine Klage gegen einen Eingebornen, so muss er beim mohammedanischen Kadhi sein Recht suchen, dass Letzterer, da er fast immer vom Consul unterstützt wird, meist im Vortheil ist, wird einleuchtend sein, wenigstens in den meisten Fällen, wo der Europäer Kläger ist.

Bei der mangelhaften Kenntniss des Bodens von Tripolitanien, kann es uns nicht einfallen hier eine allgemeine physicalische Geographie des Landes geben zu wollen, wir beschränken uns auf statistische Angaben und führen nur an, dass der Raum von der ganzen Regentschaft wenigstens so gross wie ganz Deutschland ist, falls man Wüste dazu rechnet. In der That ist aber auch der grösste Theil des Bodens Sherir, Hammada, Sand oder steiniges jeder Vegetation bares Gebirgsland. Dieses im Süden hauptsächlich in den Schwarzen Bergen und dem Harudj vertreten, streift von Westen nach Osten seiner Hauptrichtung nach. Durch eine Hochebene vom Djebel, den man versucht wäre den östlichsten, letzten Ausläufer des Atlas zu nennen, finden wir dies Gebirge mit Humus und rothen Thon, folglich mit Vegetation bedeckt. Von diesem nördlich gelegen besteht die Ebene bis am Mittelländischen Meere aus Alluvialboden, ebenso scheint es mit dem Boden um die grosse Syrte zu sein, denn Sebchaboden allein würde schwerlich so gute Weiden haben, wie sie dort nach den Aussagen der Nomaden sein sollen. Allerdings ist die Stadt Tripolis gleich hinter den Palmgärten von Sanddünen umgeben, indess bilden diese Sandanhäufungen nur einen einige Stunden breiten Gürtel, dahinter hat man bis an's Gebirge Tel-Formation, den fruchtbarsten Boden. Nach Süden zu erstreckt sich dann der ackerbare Boden selbst noch über die Berge hin hinaus; im ued Sufedjin wird alle Jahre noch geackert, nach Westen geht der Tel in den Tunesischen über, nach Osten zu über das in's Meer stürzende Gebirge hinweg, nach Mesurata und dem Ufer der Syrte zu.

Eigentliche Flüsse sind in ganz Tripolitanien nicht vorhanden. Die bekanntesten sind die von Südwesten nach Nordosten in die grosse Syrte fliessenden ued Sufedjin und ued Semsem. Der Sufedjin bekömmt zum Theil seine Zuflüsse vom Südrande des Djebel, zum Theil aus dem Rande der Hammada el hamra, aus letzterer und dem Harudj-Gebirge entspringt der Semsem. Der ued el Cheil, später im unteren Laufe ued el Bei genannt, wäre noch zu erwähnen, und wahrscheinlich sind in der sogenannten Syrtenwüste noch längere Flussläufe, von denen wir hier nur den Harana und Schegga nennen.

Die in der Wüste vorkommenden uadi, von denen ich in Fesan das Schati, das uadi schirgi und u. rharbi anführe, möchte ich kaum als solche bezeichnen, sondern sie wie das von Gatron eher als Depression ohne bestimmte Abdachung annehmen. Cyrenaica, welches obschon politisch zu Tripolitanien gehörend, ein Land für sich bildet, soll später besonders beschrieben werden. An Mineralien hat bis jetzt nichts in der Regentschaft entdeckt werden können, mit Ausnahme einer ergiebigen Schwefelmine[6] an der grossen Syrtenküste, dessen Ausbeutung jedoch vom türkischen Gouvernement untersagt wurde. Natron-Sebcha giebt es in Fesan und zum Theil hat sich das Natron einen Weg bis Tripolis gebahnt, von wo es bisweilen exportit wird. Eben so giebt es einige Salpeterminen, die aber auch noch nicht ausgebeutet sind.

Die Pflanzenwelt ist reich und könnte, bei besserer Bearbeitung des Bodens das Land mit allen anderen an der Nordküste von Afrika concurriren machen. Natürlich ist dieselbe, je nach dem Boden sehr verschieden. Während in den Oasen der Wüste die Producte der heissen Zone Indigo und die Sudan-Kornarten vortrefflich gedeihen, auf den Bergen und Hochebenen die Früchte und Kornarten der kalten gemässigten Zone gezogen werden können, kommen in den Ebenen am Meere und den nördlichen Bergabhängen alle Früchte, Getreide und Gemüse des gemässigten Klima's trefflich fort. Der Dattelreichthum des Landes, sowohl die der Oasen, wie die der Küstenstriche, ist unerschöpflich. Orangen, Citronen sind in all' den verschiedenen Arten vorhanden und namentlich hat die Blutorange und die feine Mandarinorange sich Bahn auf europäische Märkte gebrochen. Die Weintrauben und Feigen des Djebel sind von vorzüglicher Güte und wenn die Cultur des Oelbaums hinter der von Tunis zurücksteht, so ist der Umstand Schuld, dass in Cyrenaica, wo dieser Baum so herrlich gedeiht, dieselbe derart vernachlässigt oder vielmehr ganz aufgegeben ist, dass dort die Oelbäume nur noch verwildert vorkommen. Baumwolle und Taback kann überall producirt werden, wird aber bis jetzt nur sporadisch gebaut; Ueberschuss zur Ausfuhr giebt nur der Getreidebau, obschon wie überall die Bestellung der Aecker durch die Araber auf die primitivste Art geschieht; von Kornarten wird nur Weizen und Gerste gebaut. Die Gemüse, welche in Europa gezüchtet werden, gedeihen auch in Tripolitanien und wenn die Communication geregelter wäre, könnte im Winter von Tripolis aus der europäische Markt ebenso gut mit Gemüse versorgt werden, wie es jetzt von Algerien aus geschieht. Von den wildwachsenden Pflanzen hat man bis jetzt nur eine Geraniumart benutzt zur Bereitung von Essenz, die überall und massenhaft wachsende Artemisia könnte auf gleiche Weise mit Vortheil benutzt werden.

Das Thierreich ist ebenso mannigfach. Die Pferde, meistens Grauschimmel und von mittlerer Grösse, sind eine durch Berber- und Araber-Pferde hervorgebrachte Kreuzung. Ausdauernd und schnell in ihren Bewegungen, sind sie meistens ohne Tücke und zum Reiten vortrefflich geeignet. Die Tripolitaner Esel, obschon nicht gross, sind berühmt. Das Rind ist kleiner Art, milcharm, aber so reichlich vorhanden, dass davon exportirt werden kann. Die Schafe sind alle Fettschwänze, und haben eine ausgezeichnete Wolle, in die Oasen versetzt, verlieren sie diese jedoch im zweiten Jahre; die Ziegen sind ebenfalls klein und milcharm, von beiden sind aber auch so grosse Heerden vorhanden, dass davon exportirt werden kann, überdies kommt die Wolle auch auf europäische Märkte. Das Kameel, ebenfalls durch die ganze Regentschaft verbreitet, ist das aus Arabien eingeführte einhöckrige. Andere Hausthiere und Geflügel sind dieselben wie in Europa. Von wilden Thieren nennen wir die verschiedenen Antilopenarten, auch überall verbreitet, Kaninchen, Hasen, Hyänen, Schakal, Füchse, wilde Katzen, Lynxe, Ratten, Springratten, Stachelschweine und wilde Schweine. Löwen und Panther kommen nirgends in Tripolitanien vor. Unter den Vögeln heben wir hervor: Adler, Falken, Fledermäuse, Eulen, Raben, Stieglitze, Sperlinge, Nachtigallen, Canarienvögel, Schwalben, Tauben verschiedener Art, Enten, Gänse, Schnepfen, Rebhühner, Wachteln, Bachstelzen, Flamingos und vor allen den Strauss. Schildkröten verschiedener Art findet man in der Djefara, Eidechsen, Schlangen, oft wie die Hornviper, sehr giftig, aber meist kleiner Art, Scorpione und Spinnen, von welcher letzteren eine in der Wüste vorkommende sehr grosse Art zu erwähnen ist, kommen überall vor. Heuschrecken, welche oft zur Landplage werden, andererseits als Nahrung dienen, sind von verschiedenen Arten heimisch, Bienen sind im wilden Zustande, namentlich in den bewaldeten Bergen, Libellen trifft man überall, auch an den Quellen in den Oasen, Stechmücken, Fliegen in unaussprechlicher Zahl, Pferdebremsen, kriechende und hüpfende, den Menschen anhaftende Parasiten sind sehr verbreitet. Zu bemerken ist übrigens, dass der Floh die Region der Wüste, wo es nicht regnet, meidet. In den Sümpfen und den meisten Quellen, selbst die der Oasen nicht ausgenommen, findet sich der Blutigel. In Fesan ist noch im Behar el daud ein Wurm zu nennen, den die Eingebornen essen.

Was die Bewohner von Tripolitanien anbetrifft, deren Gesammtzahl einigermassen genau zu bestimmen, äusserst schwierig ist, so müssen wir vor allen drei Hauptvölker unterscheiden: Araber, Berber und in Fesan Mischlinge. Die Araber bewohnen die Städte, grossen Ebenen und die Cyrenaica, die Berber finden wir im Djebel, Rhadames, Sokna und Audjila und die Mischlinge, hervorgegangen aus einer Kreuzung von Türken, Arabern, Berbern, Tebu und anderen Negerstämmen, bewohnen das Kaimmakamlik Fesan. Die wenigen Türken, welche in Tripolitanien sind, kommen kaum in Betracht, zudem sind die Truppen oft keine Türken, sondern häufig Araber aus Syrien; oft Albanesen, Tscherkessen, je nachdem sie aus der einen oder anderen Provinz kommen. Ganz unstatthaft ist es aber, wie die meisten Schriftsteller thun wollen, die Städtebewohner unter dem Namen Mauren als ein besonderes Volk hinstellen zu wollen. Der Name „Mauren oder Mohren", kam für die Städtebewohner des nördlichen Afrika's zuerst auf, nach der spanischen Vertreibung, weil die Spanier gewohnt gewesen waren, die Eindringlinge als aus Mauritanien kommend, den Namen los Moros zu geben. Aber diese nach Spanien übergewanderten Mauritanier waren Berber und Araber, Städte- und Landbewohner, vor und nach der Einwanderung und Vertreibung der Mohammedaner aus Spanien, gab es in Nordafrika wie in Arabien Stadt- und Landbewohner, aber diese Stadtbewohner immer als eine besondere Abart mit dem Namen Moros, Maures, Mohren, den sie selbst gar nicht kennen, bezeichnen zu wollen, ist ebenso lächerlich, als wolle man bei uns z.B. sagen, die Einwohner von Berlin sind keine Deutsche oder Preussen, sondern Brandenburger. Wir müssen daher nochmal darauf aufmerksam machen, dass nicht nur die Bewohner von Tripolis, sondern die aller Küstenstädte bis Tanger an der Strasse von Gibraltar sich selbst Araber nennen und zum grössten Theile sind; wenn man aber darauf besteht sie Mohren nennen zu wollen, man diesen Ausdruck mit demselben Rechte auf alle Bewohner, welche das ehemalige Mauritanien bewohnen, ausdehnen kann, einerlei, ob es Stadt- oder Landbewohner, Berber oder Araber sind, denn Mohren oder Mauren als besonderes Volk hat es nie gegeben. Als eigenes Volk müssen wir noch die Juden, wenn auch nahe verwandt mit den Arabern, hervorheben, man trifft sie mit Ausnahme der Oasen, überall in den Städten und selbst im Djebel giebt es Judenniederlassungen. Ebenso falsch ist es unter „Beduinen" ein besonderes Volk annehmen zu wollen. Der Name Beduine von Bedui hergeleitet, hat nur das Wandernde in sich, will aber keineswegs bedeuten, ob dies nur ein wanderndes Berber- oder Araber-Volk sei. Im Rharb oder im Westen von Afrika kennt man überdies diesen Ausdruck gar nicht. Ausserdem giebt es Schwarze aus dem ganzen Innern von Afrika, nirgends aber haben sie sich zu einer besonderen Gemeinde zusammen gethan, wenn man nicht die kleinen Hüttendörfer nennen will, welche man unter den Mauern von Tripolis und Bengasi findet und die meistens von Negern bewohnt sind; es ist dies aber meistens der Auswurf von weggelaufenen Sklaven und Sklavinnen und auch weisse Vagabonden finden sich unter ihnen.

Wir werden nicht zu tief greifen, wenn wir die Gesammtbevölkerung von Tripolitanien auf 1 Million Menschen anschlagen.[7] Della Cella schätzte sie auf 650,000 Seelen. Wenn man aber bedenkt, dass die Zunahme der Bevölkerung in den mohammedanischen Staaten überhaupt nicht in dem wachsenden Maasse vor sich geht wie in den christlichen Staaten, andererseits Pest und Krieg in Anbetracht zieht, welche zehn Jahre das Land verwüstet haben, so wird man finden, dass die Zahl nicht zu niedrig ist.

Die Bewohner Tripolitaniens sind sesshaft und umherziehend. Diese, welche entweder in grösseren Städten, die sämmtlich an den Küsten gelegen sind, wohnen, oder in kleineren Orten, in von Stein und Thon erbauten Häusern, oder aber wie im Djebel, in unterirdischen Höhlen, oder wie in manchen Oasen in aus Palmenzweigen gebauten Hütten, leben von Handel, Industrie, Manufactur, Gartenbau und dem Acker. Die Nomaden, sämmtlich aus Arabern bestehend, wohnen in Zelten entweder einzeln oder zu einem Fareg oder Duar, d.h. Zeltdorfe vereinigt. Die Zelte bestehen meistens aus einem Gewebe von Ziegenhaar oft mit Kameelhaar untermischt und je nach dem Stamme sind sie verschieden geformt und haben sie verschiedene Abzeichen und Farben im Gewebe. Die Nomaden leben hauptsächlich von Viehzucht, treiben aber auch Ackerbau. Der Kreis ihrer Züge ist überhaupt ein beschränkter, nicht jeder Stamm kann mit seinen Heerden hingehen, wohin er will, von Alters her haben sie nach Uebereinkommen ihre bestimmten Grenzen unter sich, welche nicht übertreten werden. Aber eben da dies Alles nur auf Uebereinkommen und Herkommen beruht, brechen darüber oft Streitigkeiten aus, welche zu Krieg zwischen den Triben anwachsen. Obschon die Polygamie erlaubt ist, so sind doch fast alle Tripolitaner, selbst die Städtebewohner Monogamen. Das was man über die Stellung der Frauen bei den Arabern und Berbern im Allgemeinen gesagt hat, ist auch hier in Tripolitanien ebenso falsch und beruht auf oberflächlicher Beobachtung der Sitten. Die Frau hat allerdings nicht die hohe und berechtigte Stellung, welche sie in der christlichen Welt einnimmt, welche Stellung zum Theil durch den Mariencultus der katholischen und griechischen Kirche hergekommen, zum Theil in den Anschauungen unserer eigenen heidnischen Vorführen begründet ist, indess ist sie doch keineswegs so unterdrückt, wie man nach den Beschreibungen der meisten Reisenden vermuthen sollte. Dass die Frau das Mehl reibt oder mahlt, dass sie Brod bäckt, dass sie die Basina und den Kuskussu zubereitet, endlich das nöthige Wasser für die Familie herbeiholt, wenn oft auf grosse Entfernungen, finde ich ganz natürlich; was aber die schwere Arbeit anbetrifft, der Ackerbau, die Ernte, die Viehzucht, so sehen wir damit ausschliesslich die Männer beschäftigt. Ebenso ist es in den Städten, die Maurerarbeiten, Tischler, Schlosser, Schmiede und überhaupt alle Handwerke werden von den Männern wie bei uns betrieben, während der Frau die häuslichen Arbeiten zufallen. Nur als besonders muss ich hervorheben, dass die Töpferarbeit in Fesan eine Frauenbeschäftigung ist. Dass aber im Allgemeinen die Frau bei den ansässigen, wie nomadisirenden Tripolitanern ebenso das Regiment führt wie bei uns, wird Jedem, der Gelegenheit gehabt hat, in mohammedanischen Familien eingeführt gewesen zu sein, bekannt sein.

Von Natur sind die Tripolitaner, sowohl Berber als Araber, kriegerisch und stehen in dieser Beziehung keineswegs hinter den Algerinern, den tapfersten von allen an der Nordküste von Afrika zurück. Die eiserne Hand der Türken hat sie aber zahm gemacht, so dass jetzt vollkommene Ruhe und Sicherheit im Lande ist, nur in der sogenannten grossen Syrtewüste und in dem Hochlande von Cyrenaica, wo die Herrschaft der Türken noch nicht so sicher etablirt ist, würde es für einen einzelnen Wanderer gefahrlich sein. In früheren Zeiten bedeutend fanatischer, wie man aus dem Reiseberichte von Lyons und später dem von Beechey, ersehen kann, hat auch in dieser Beziehung die Herrschaft der Türken, welche ja die duldsamsten von allen Mohammedanern sind, eine grosse Veränderung hervorgerufen. Die Tripolitaner sind heutzutage, die Rhadamser und Barkenser vielleicht ausgenommen, die duldsamsten Leute geworden. Namentlich in den Städten und dies gilt besonders von Tripolis, sind die alten Vorurtheile gegen Christen und Juden geschwunden. Die Mohammedaner huldigen in ganz Tripolitanien dem malekitischen Ritus, welcher auch offenbar für Nomadenvölker der bequemste ist. Malek gewährt den Leuten, welche nach seiner Weise beten, manche kleine Begünstigungen, so z.B. brauchen die Reisenden beim Gebet die Sandalen nicht abzubinden (Schuhe müssen jedoch ausgezogen werden) und da dies immer ein umständliches Zeit raubendes Geschäft ist, so sind ihm die Wüstensöhne dafür sehr dankbar. Dass übrigens von malekitischen oder hanbalitischen etc. Moscheen in Tripolitanien so wenig die Rede ist, wie anderwärts, brauche ich wohl kaum zu sagen. Hanbalitische—, Moscheen als Solche giebt es nicht. Alle vier rechten Religionssecten können in einer und derselben Moschee beten, ohne Unterscheidung und Unterbrechung hervorzurufen. So beruht beim Beten der einzige Unterschied zwischen dem Hanefi und Maleki beispielsweise darin, dass erstere die Arme kreuzen, letztere, nachdem Allahou akbar gerufen, herabhängen lassen. So kommt es denn oft genug vor, dass der Vorbeter Hanefisch betet und alle Nachbeter Malekitisch das Gebet vollziehen und umgekehrt. Nur die Chomis oder nicht den vier rechtgläubigen Secten angehörenden Mohammedaner werden in keiner Moschee geduldet. An religiösen Gemeinschaften giebt es in Tripolitanien hauptsächlich drei, die Anhänger Mulei Thaib's, die Mádani oder Anhänger Mohammed el Mádani und die Anhänger Snussi's.

Mulei Thaib, welcher sein Grab in Uezan in Marokko hat, wo er auch lebte und wirkte, hat die über ganz Afrika weitverbreitetste Brüderschaft gegründet. Aus dem Hause der Schürfa und directer Abkömmling von Mulei Edris, dem Gründer von Fes, stiftete ein anderer seiner Ahnen Mulei Abd Allah Scherif die berühmte Sauya von Uezan und zugleich auch einen Orden, der heute noch sehr zahlreich und berühmt in Marokko ist. Mulei Thaib, Abkömmling des Mulei Abd Allah Scherif, nicht zufrieden mit der localen Ausdehnung, erneuerte den Orden und gab ihm die grosse Ausdehnung, die er jetzt noch hat. In Marokko und Algerien sind die Klöster und Mkaddem[8] Mulei Thaib's unzählig, in Tripolitanien gehören nur die Rhadamser der Confraterschaft Thaib's an, weiter nach Osten hat er nur noch einzelne Mitglieder[9].

Die Anhänger von Mohammed el Mádani sind wenig zahlreich; in diesem Orden sind fast nur gebildete Leute. Die Mitglieder dieser Innung sind ausschliesslich in Tripolitanien und einigen Ortschaften in Aegypten und Tunis. Ihr Gründer war ein Wahabite aus Arabien Namens Sidi el Arbi, flüchtig von seinem Vaterlande, zog er nach Fes und wollte eben seine neue Lehre dort begründen als er starb; einer seiner Jünger Mohammed el Mádani (d.h. der aus Medina gebürtige) setzte sein Werk fort und stiftete den Orden der Mádani. Aber auch in Fes wurde dieser freisinnige Orden nicht geduldet, ebenso wenig in Algerien, wo er sich im Jahre 1829 befand; gleichfalls von Tunis vertrieben, liess er sich in Mesurata in Tripolitanien nieder und konnte hier ungestört lehren und für die Ausbreitung seiner religiösen Innung sorgen. Von der eigentlichen Lehre der Wahabiten gänzlich abweichend, glauben sie an ein göttliches Wesen und an einen Rapport des Menschen mit Gott mittelst des Gebetes und einer sinnigen Betrachtung, die Einheit Gottes, die Unsterblichkeit der Seele, Strafe und Belohnung im zukünftigen Leben, ist die Basis ihrer Lehre und da dies zugleich die Grundlagen der drei semitischen Religionen sind, so schliessen sie die Christen und Juden als befähigt in's Paradies zu kommen, nicht aus. Ohne Fanatismus predigen sie die Brüderlichkeit und Toleranz und obgleich auch sie auf Formen und Cultus halten, ist dies bei ihnen Nebensache und nicht unbedingt nothwendig, um eine Vereinigung mit Gott im jenseitigen Leben zu erzielen.

Ganz das Gegentheil dieser vielleicht tolerantesten[10] von allen Mohammedanern wurde im Anfange der vierziger Jahre die Brüderschaft der Snussi gegründet. Si Mohammed Snussi in Tlemçen geboren, verliess vom glühendsten Hasse gegen die Franzosen und Christen sein Geburtsland und begab sich nach Fes, um dort auf der Hochschule von Karuin die Kenntnisse zu erwerben, welche er für nothwendig hielt einen Orden zu gründen, welcher hauptsächlich die immer mehr um sich greifenden Ideen und

Gebräuche der Christen unter den Mohammedanern bekämpfen sollte. Nach einigen Jahren Aufenthaltes in Fesan und da er sah, dass dort die Gründung eines neuen Ordens, den anderen dort schon existirenden gegenüber keine Aussicht auf Erfolg haben würde, besonders da Si Mohammed kein Scherif, sondern bloss ein Thaleb war, ging er nach Mekka, um seinen Ruf der Heiligkeit zu vermehren. Er schlug den Landweg ein durch die Wüste und berührte hiebei Barca und die Uah-Oasen. Frappirt von der Religionslosigkeit der dortigen Eingebornen, die blos dem Namen nach Mohammedaner waren, ersah er sogleich, dass hier die Gegend sei, wo er die Stiftung seines Ordens vornehmen müsse. Seinen Vorsatz nach Mekka führte er aus und ging dann nach Constantinopel, um sich einen Firman zu erwirken, damit die Localbehörden seinem Unternehmen keine Schwierigkeiten in den Weg legten. Nachdem er diesen erlangt hatte, kehrte er zurück und legte in Sarabub, dem westlichsten Theile der Jupiter-Ammonsoase eine Sauya an. Obgleich er nie den Zweck aus dem Auge verlor, die christlichen Ideen zu bekämpfen, war sein Hauptaugenmerk darauf gerichtet Filialsauya zu errichten, der Kreis seiner Anhänger vermehrte sich, Barca ist ganz dem Snussi unterworfen, ebenso Audjila und Djalo, in Kufra wurde ein neuer Ort gegründet und in Uadai, wohin sein Sohn selbst eine Reise machte, der Orden der Snussi als allein berechtigt, eingeführt, Kauar und Fesan halten ebenfalls zu den Gebräuchen der Snussi, aber im eigentlichen Tripolitanien wurde sein Orden nicht ausgebreitet, eine in Rhadames gestiftete Sauya musste 1864 wieder eingehen. Sein Sohn Sidi el Mabdi, welcher ihm 1860 nachfolgte, scheint nicht den Hass gegen die Christen zu haben, wie sein Vater, seine Hauptsorge scheint im Sammeln von Reichthümern zu bestehen, was natürlich bei allen Orden immer die Hauptsache ist.

Das Klima in Tripolitanien ist natürlich sehr verschieden: An der Küste hat dasselbe grosse Aehnlichkeit mit dem von Unterägypten und dürfte es an der grossen Syrtenküste noch heisser sein, auf den bewaldeten Bergen ist das Klima Süditaliens, jedoch ist bei Gebliwinde die Hitze viel intensiver. Im Winter ist es übrigens häufig, dass Frost und Reif auftreten. Die grössten Gegensätze finden sich wie überall in der Wüste in den tripolitanischen Oasen, im Sommer steigt das Thermometer bis über 45°, im Winter fällt es häufig unter Null. Ja an einzelnen Tagen beträgt der Unterschied oft 30°, so hat man in Fesan -4° Nachts beobachtet mit einer nachmittägigen Hitze von +24°. Im Winter ist an der Küste die Feuchtigkeit ebenso gross wie in Norddeutschland und auf den Bergen oft noch grösser, namentlich in Cyrenaica. In den Oasen ist selbstverständlich die Trockenheit der Sahara und selbst grosse Strecken feuchten Bodens wie in Fesan haben dem grossen Ganzen gegenüber keinen Einfluss. Während im Winter die Barometerschwankungen an der Küste stark und unregelmässig sind, bleiben sie im Innern, sowohl Winter wie Sommer unbedeutend und regelmässig.

Ebenso ist es mit den Winden: im Winter, obschon dann Nordwestwind vorherrschend ist, durchlaufen die Winde oft in einem Tage die Rose, im Sommer sind sie aber ganz gleichmässig, fast immer von 10 Uhr Morgens an, von Norden kommend und manchmal nur durch die meistens aus Südsüdost kommenden glühend heissen Gebli- oder Samumwinde unterbrochen. Im Allgemeinen kann man sagen, dass in Tripolitanien ein sehr gesundes Klima ist, am zuträglichsten ist jedenfalls die köstliche Luft Cyrenaica's und des Djebel, aber auch an den Küsten in Bengasi, Tripolis und den anderen Orten weiss man von Epidemien und Endemien nichts. So ist z.B. bis jetzt nie die Cholera in Tripolitanien gewesen und wenn in früheren Jahren die Pest aufgetreten ist, so rührt das jedenfalls durch Einschleppung und mangelhafte sanitätliche Polizeieinrichtung her. Neuangekommene Europäer haben in den Städten oft Leberleiden, meist aber aklimatisiren sie sich rasch. Entschieden ungesund ist das Klima in einigen Theilen von Fesan, wo die Sebcha oder Salzsümpfe in Verbindung mit faulenden organischen Substanzen im Sommer die bösesten intermittirenden Fieber hervorrufen.

Tripolitanien, welches unter der türkischen Regierung ein Eyalet oder eine Provinz ist, hat 7 verschiedene Liva oder Nayet, welche unseren Kreisen oder Districten entsprechen. Die Zahl und Grösse derselben wechselt aber häufig nach der Laune des Muschir oder Grossgouverneurs. In den ersten Jahren wurden die Liva sogar vom Muschir besetzt, heute werden die Districtsgouverneure jedoch von Constantinopel aus angestellt, in der Verwaltung jedoch sind sie dem Muschir Tripolitanten verantwortlich.

Die verschiedenen Liva sind: 1. Tripolis selbst mit Umgebung (Mschiah. Tadjura etc.), 2. Choms, welches die westliche Syrtenküste begreift und die Gebirgslandschaft von Tarhona, 3. Sauya, die Landschaft westlich von Tripolis bis nach Tunisien, 4. Djebel, welches das ganze Gebirge südlich von Tripolis und Misda begreift, 5. Rhadames mit einigen kleinen Oasen in der Nähe, 6. Fesan und 7. Barca, welches das ganze alte Cyrenaica und die Audjila-Oasen begreift. Dem Liva steht ein Kaiumakam vor, der meist auch den Titel Pascha hat, und die Liva sind wieder in verschiedene Mudiriate abgetheilt, denen ein Mudir vorsteht.

Tripolis.

Mein Aufenthalt in Tripolis sollte diesmal ein viel längerer werden, als ich Anfangs vermuthete; bei meiner Ankunft theilte mir Herr Rossi mit, dass Mohammed Gatroni, der nach dem Tode Hammed Tanjani's bestimmt war von der Küste nach dem Innern die Geschenke zu übermitteln, in Fesan nicht aufzufinden gewesen wäre, und wenn sich dies später auch als irrthümlich erwies, da eines Tages der Gatroner hoch zu Meheri in Tripolis eingeritten kam, so hatte ich doch gleich, um auf alle Fälle den Abgang der Karavane zu sichern, nach Tunis telegraphirt. Herr von Maltzan, der sich dort zu der Zeit noch aufhielt, hatte mir nämlich später geschrieben, dass Dr. Nachtigal aus Cöln, welcher Leibarzt beim Bei von Tunis war, geneigt wäre, die Geschenke nach Bornu zu bringen, und da hiezu nun auch die Erlaubniss von Berlin aus nöthig war, fragte ich telegraphisch an und erhielt zur Sendung Dr. Nachtigal's eine zustimmende Antwort. Wenn dieser nun auch rasch genug eintraf von Tunis, so war seine Ausrüstung doch nicht sobald gemacht, er musste wieder nach Malta zurück, und da ich auf keinen Fall Tripolis eher verlassen konnte, als bis die Karavane wirklich abgegangen, musste ich mich in Geduld fügen; jedenfalls hatte ich Zeit genug, diesmal die Stadt recht gründlich kennen zu lernen.

Tripolis, welches die meisten Europäer Tripoli (Beehey schreibt Tripoly), wir Deutschen aber richtiger nach dem Vorgange Carl Ritters Tripolis schreiben, weil gar kein Grund vorhanden ist das s weg zu lassen, überdies die heutigen Bewohner es auch mit einem s schreiben (طرابلس Trablis) ist nach dem Urtheile der besten alten Geographen, und der meisten neueren Forscher auf der Stelle des alten Oea erbaut. Als dies unter dem Kalifate von Omar zerstört wurde, erbauten die Araber eine neue Stadt auf den Trümmern, der sie den Namen des ganzen Districtes gaben. Es ist kein Beweis vorhanden, dass weder Sabratha noch Oea ihren Namen vor der barbarischen Invasion geändert hatten. Wir haben aber viele Beispiele, wo die Araber ganze Provinzen durch eine Stadt bezeichnen, so ist oft Stambul die ganze Türkei, Fes ganz Marokko für sie. Auch dass Oea von den Alten nie als Hafen angeführt worden ist, ist kein stichhaltiger Grund, es kann vielleicht zu der Zeit bei Oea kein natürlicher Hafen wie jetzt bei Tripolis gewesen sein. Die weit vom Spanischen fort nach Osten hinziehenden Riffe und Felseilande beweisen, dass meist dies das Ufer war.

Jetzt ist von Alterthümern nichts mehr in der Stadt, als der allerdings schöne vom Scipio Defritus (nach Barth vom Proconsul Caius Oifitus) in den Tagen von Antonin dem Marcus Aurelius Antoninus und Lucius Aurelius Verus errichtete Triumphbogen. Dieser Triumphbogen allein zeugt schon, dass hier eine Stadt gestanden haben muss, da kann es denn auch nach den Itenerarien gar keine andere als Oea gewesen sein. Derselbe ist von sehr sorgfältiger Arbeit aus riesigen Marmorquadern aufgeführt, aber über ein Drittel ist unter Anhäufung von Schutt und Sand. Auf der Aussenseite sieht man grosse männliche und weibliche Figuren, welche allegorische Scenen darstellen oder geschichtliche Ereignisse repräsentiren. Die nach Norden zu angebrachte Inschrift ist jetzt halb vermauert, überhaupt ist das ganze umbaut und durchmauert, in früheren Zeiten war sogar eine von einem Malteser gehaltene Schnapskneipe darin. Diese ist nun zwar entfernt, aber nicht etwa aus Pietät für ein Kunstwerk aus dem Alterthume, sondern weil ein altes türkisches Gesetz existirt, wonach Schnapsschenken nur in einer gewissen Entfernung von einer Moschee angelegt werden dürfen und da hat man denn ausgefunden, dass obschon Moschee und Kneipe Jahre lang nebeneinander in Frieden bestanden, die Djemma des Hadj Ali Gordji näher der Kneipe stände, als erlaubt sei und einfach wurde der Befehl zum Schliessen gegeben. Der wahre Grund war aber der, dass die Tholba der Moschee zu viele Gläser Araki umsonst verlangten und da der Inhaber der Schenke ohne sich selbst Schaden zu thun, diese nicht mehr verabfolgen wollte, so fand die heilige und gelehrte Corporation schnell einen Grund, die Schenke gesetzlich dort aus dem Auge zu schaffen. Tout comme chez nous, dachte ich, als der frühere Besitzer mir dies erzählte.

Andere Alterthümer darf man höchstens noch in den Djemmen suchen, auch sieht man an vielen Strassenecken eingemauerte Säulen oft mit corinthischen Capitälern, um die Häuserecken vor Abschleissen zu bewahren. Einige Steine mit verwischten Inschriften, eine Art von Altarstein mit einem Sperberbilde im nördlichen Stadtwall, das ist Alles, was Tripolis dem blossen Auge bietet. Nicht unerwähnt soll jedoch bleiben, dass der frühere Generalconsul Mr. Warrington beim Bau seines Hauses in der Mschia dort einige kostbare Glasurnen fand, die jetzt auf dem britischen Museum in London sind.

Tripolis wird von zwei Seiten vom Meere bespült, im Norden und Osten. Fast fünfeckig werden die anderen drei Seiten von einer sandigen Ebene umgeben, nach der Landseite sind keine Gräben, die Mauern aber hoch und steil, obschon heute so baufällig, dass man sie mit Flintenkugeln zusammenschiessen könnte. Früher hatte die Stadt zwei starke Forts, am nordöstlichen Eck das sogenannte spanische, welches im Jahre 1863 explodirte und das im Südostwinkel der Stadt, welches aber schon seit Jahren zum Schloss des Gouverneurs umgebaut worden ist. Zwei detachirte Forts, von denen das eine im Norden der Stadt auf einem Felseilande gelegen unter dem Namen des französischen, das andere östlich am Strande der Mschia gebaut ist, den Eingang des Hafens beherrschend und das englische genannt wird, sind vollkommene Ruinen. Aus dieser Beschreibung wird man ersehen, dass die Stadt, obschon sie von weiten noch recht stattlich und stark aussieht, nichts weniger als stark ist. Früher nur mit zwei Thoren versehen, von denen eins sich im Osten auf dem Hafenquai öffnete, das andere im Süden nach der Mschia hinausführte, hat man jetzt neben dem Südthor noch ein anderes und auch durch den Westwall ein viertes Thor durchgebrochen. Der Hafen im Osten der Stadt ist durch die vom spanischen Forte aus sich in's Meer ziehenden und mit der Küste parallel lautenden Riffe, der Stadt und der Küste gebildet, so dass nur die Seite nach Osten offen bleibt. Mit geringer Mühe könnte er zu einem der geräumigsten und sichersten an der Küste gemacht werden und es scheint auch als ob von der türkischen Regierung jetzt wirklich etwas dafür gethan werden soll. Man kann nicht läugnen, dass nach der jetzt erfolgten Durchstechung des Canals von Suez dies auch seine Bedeutung für Tripolis und Bengasi haben wird und die Pforte hat das begriffen. Augenblicklich ist der Hafen nur für kleinere Schiffe zugänglich, Schiffe von mehr als 10 Fuss Tiefgang müssen auf der Rhede ankern.

Die Stadt selbst ist in fünf Quartiere getheilt, von denen das nordwestlichere mehr von den Juden, das östliche also am Hafen gelegene, von den Christen bewohnt wird. Früher wohnten die Juden in einer Milha, hier Harra genannt, abgesperrt, während sie jetzt durcheinander mit Christen und Mohammedanern wohnen. Die Strassen in Tripolis sind breit und reinlich (natürlich immer vergleichungsweise mit anderen mohammedanischen Städten) und einige hat man in letzter Zeit sogar angefangen zu pflastern und mit Laternen zu versehen. Von jeher erfreute sich Tripolis übrigens dieses Rufes, Leo beschreibt die Häuser als schön, im Vergleich zu denen in Tunis, Blaquière geht sogar so weit zu behaupten, die Stadt könne, was Bauart der Häuser und Reinlichkeit der Strassen anbeträfe, verschiedenen europäischen Städten, am mittelländischen Meere als Muster dienen. Die Häuser der Mohammedaner haben meistens ein Stockwerk, sind von aussen reinlich geweist und alle mit platten Dächern versehen; in der Mitte ist in jedem Hause ein grosser Hof, zu dem ein gebogener Gang mit doppelten Thüren von der Strasse aus führt, so dass ein Fremder, wenn auch die Thüren offen stehen, nie in den Hof des Hauses selbst hineinsehen kann. In diesem Gange sind immer steinerne Bänke angebracht, wo der Hausherr geschäftlichen Besuch empfängt und sonst die Sklaven und Diener des Hauses sich aufhalten. Die meisten Häuser haben auch engvergitterte Fenster nach der Strasse. Die Zimmer öffnen sich alle auf den Hof durch hohe maurisch gewölbte Thüren und sind immer lang und schmal. Die oberen Zimmer öffnen sich auf eine Gallerie, welche inwendig im Hofe herunterläuft und dem unteren Hofe zugleich Schatten abwirft. Alle mohammedanischen Häuser haben wenigstens einige europäische Möbeln, die der reichen Kaufleute und Beamten sind vollkommen europäisch möblirt. Die Häuser der reichen Juden unterscheiden sich in Nichts von denen der Europäer und die der ärmeren Juden in Nichts von denen der Mohammadaner, nur dass sie noch schmutziger sind. In jedem Hause, auch dem kleinsten, ist eine

Cisterne, welche das süsse Regenwasser des Daches auffangt und das meistens für den Consum des Hauses von Jahr zu Jahr genügt, da für Waschungen, oft auch zum Kochen benutzt, in jedem Hause ein Brunnen ist, der freilich nur brakisches Wasser hat.

An öffentlichen Gebäuden hat Tripolis das Schloss des Paschas, ein unregelmässiges Gebäude ohne jede Schönheit in der Architectur, eine Kaserne und Harem, sowie zahlreiche Beamtenwohnungen sind damit verbunden. Von den fünf Hauptmoscheen zeichnet sich keine durch Schönheit aus, auch nicht die neue von Hadj Ali Gordji, in den dreissiger Jahren erbaut, alle aber sind im Inneren mit griechischen und römischen Säulen geschmückt, von denen namentlich die am Ssuk el turk befindliche herrliche Monolithen aus Porphyr hat. Die christliche Bevölkerung hat zwei Kirchen, eine katholische und eine griechische. Mit der katholischen ist ein Kloster verbunden mit Franziscanern. Es ist dies eins der ältesten Klöster, die koptischen in Aegypten ausgenommen, in Afrika und seine Entstehung datirt von der Herrschaft der Malteser Ritter über Tripolis. Die Mönche haben eine Schule für die Kinder der christlichen Bevölkerung, ein Theil von ihnen versieht den Gottesdienst und andere sind Handwerker. Der Vorsteher des Klosters, der den Titel Präfect führt, hat Bischofsrang und Gewalt. Die Einnahme des Klosters beläuft sich auf eine Subvention von 20,000 Francs pro Jahr und Sporteln, welche Taufen, Ehen u.s.w., aufbringen. Mit dem Kloster ist ein Hospital verbunden, welches von den Schwestern von St. Joseph geleitet wird. Im Hospitale werden Kranke jeden Glaubens aufgenommen. Die Türken haben nur ein Militairhospital, welches ausserhalb der Stadt liegt, sonst aber gut eingerichtet ist, 120 Kranke aufnehmen kann und unter Umständen auch Civilpersonen geöffnet ist. Für europäische Fremde ist ein Gasthaus vorhanden, welches indess selbst für die, welche mit bescheidenen Ansprüchen auftreten, noch viel zu wünschen übrig lässt. Zahlreiche und gut eingerichtete Funduks sorgen für das zeitweilige Unterkommen der Mohammedaner. Es giebt keine eigentliche Bazars in Tripolis, doch bilden ganze Strassen gewisse Märkte, so ist auf dem Stuk el turk, hauptsächlich für Taback, Opium, Kaffee und feinere Sachen gesorgt, in anderen Strassen, wie el Kessariah, werden hauptsächlich einheimische Stoffe und Kleidungsstücke verkauft; die Zünfte der Schreiner, Schuster, Sattler, Schmiede u.s.w., haben ihre besonderen Strassen und ausserdem giebt es grosse europäische Kaufläden, wo Alles zu haben ist. Drei Pharmacien sorgen für die Bedürfnisse des kranken Publikums, zwei öffentliche Bäder für die Reinlichkeit und dass zahlreiche Schnapsbuden vorhanden sind, braucht wohl kaum angeführt zu werden. Ordnung und Sicherheit in der Stadt wird durch Polizisten aufrecht erhalten, obschon man sie bei Tage kaum bemerkt, sondern sie erst Nachts, wo sie häufig patrouilliren, wahrnimmt, ausserdem ist eine Hauptwache, Douanenwache und Schlosswache vorhanden, und alle Thore immer mit Doppelposten versehen. Als oberste Municipalbehörde fungirt der Schich el bled, und obschon derselbe keinen Gehalt bezieht, ist sein Posten doch einer der einträglichsten. Der jetzige Schich el bled ein gewisser Ali Gergeni soll, da er sich schon länger als zehn Jahre auf diesem Posten gehalten hat, der reichste Mann von Tripolis sein. Alle europäischen Nationen mit Ausnahme der deutschen sind durch Consulate vertreten, von diesen haben die Engländer, Holländer, Franzosen und Italiener Generalconsulate. Was die Zahl der Bewohner anbetrifft, so mögen gegen 18,000 Seelen in Tripolis[11] sein, von denen 3000 Christen und 4000 Juden sind. Die Christen sind der Mehrzahl nach Malteser, dann Italiener und Griechen, alle anderen Nationen sind nur durch einzelne Familien vertreten.

Die europäische Bevölkerung in Tripolis lebt fast ausschliesslich vom Handel und dieser dehnt sich von Jahr zu Jahr aus, obschon die Türken nichts thun ihn zu heben. Der Hafenverkehr weist im Zunehmen begriffen einen Schiffsverkehr von über 450 Schiffen jährlich auf, von diesen sind fast dreiviertel unter otomanischer Flagge fahrend, und die übrigen gehören ihrer Wichtigkeit nach der italienischen, englischen, Jerusalemer[12], französischen, griechischen und österreichischen Flagge an. Da die Schiffe alle nur klein sind, so haben sie nicht mehr als (z.B. ihre Zahl zu 400 angenommen) einen Gesammttonnengehalt von ca. 30,000 Tonnen. 400 Schiffe würden also ungefähr 12 norddeutschen Lloyddampfern ihren durchschnittlichen Tonnengehalt zu 2500 Tonnen gerechnet, gleichkommen. 400 Schiffe importiren und exportiren durchschnittlich für 5,250,000 Fr. an Werth, die Importation übertrifft aber in der Regel die Exportation.

Die hauptsächlichsten Exportationsartikel sind: Korn, Oel, Früchte (Datteln, Orangen und Citronen), rother Pfeffer, Thiere, Wolle, gegerbte Felle, Butter, Elfenbein, Wachs, Straussenfedern, Goldstaub, Sklaven, etwas Gummi arabicum, Senne und Indigo, Natron, Schwämme und Manufacturwaaren: als Matten, Körbe, Teppiche. Wenn wir annehmen, dass diese einen Gesammtwerth von 5,000,000 Fr. repräsentirten, so würde das Korn allein über die Hälfte der Summe ausmachen, dann Oel, Elfenbein, Sklaven, Goldstaub, Wolle und Thiere die zunächst wichtigen Artikel sein. An importirten Sachen finden wir Kattunstoffe: als Malte und Mahmudi von England, Tuch, Seiden- und Sammetstoffe, Kram- und Esswaaren, Kaffee, Zucker, Färbestoffe, Wein und Spiritus, Tabak, Brennmaterial, Bauholz, Metalle, Waffen, verarbeitetes Leder, Papier, Nürnbergerwaaren, Porcellan, ächte Corallen, Glasperlen, Bijouterie, Silber (in Form von 5-Fr.-Stücken und Maria-Theresien-Thaler), Uhren, Möbeln und andere Manufacturgegenstände. Von diesen Gegenständen sind die Kattune, Tuch- und Seidenstoffe die wichtigsten, dann kommen zunächst Kram- und Esswaaren, Glasperlen, Metalle, Zucker und Wein.

Nach Testa betheiligen sich die verschiedenen Häfen am Mittelmeere in folgendem Verhältnisse: Malta 8/16, die Levante und Alexandrien 3/16, Livorno und Italien 2/16, Tunis 2/16, Marseille und Algier 1/16.

Ausser dass natürlich täglich gekauft und gehandelt wird, sind zwei grosse Märkte wöchentlich vor den Thoren der Stadt, am Dienstag vor dem Südthore und Freitags vor dem Westthore. Tausende von Menschen kommen dann hier zusammen aus der ganzen Regentschaft, und diese Tage bieten gewiss eins der bedeutendsten und interessantesten Bilder afrikanischen Lebens, das man sich nur denken kann. Sklaven werden heute nicht mehr öffentlich verkauft, aber heimlich und mit Wissen der Consulate, so dass jeder Europäer Kenntniss davon hat. Man bezahlt in Tripolis eine hübsche Negerin mit 120 Thaler, eine Fullo mit 150–160 Thaler und eine Tscherkessin mit 300 Thaler und mehr. Junge Negerbursche sind zu dem Preise von 70–90 Thaler zu haben. Pelissier constatirt noch eine Sklaveneinfuhr von 2708 Köpfen, einen Werth von 759,000 Fr. repräsentirend, für das Jahr 1850, während Testa für dasselbe Jahr nur 1500 Sklaven aufführt mit einem Gesammtwerthe von 300,000 Fr. (Testa rechnet pro Kopf 200 Fr., was jedenfalls jetzt viel zu niedrig ist, da ein junger Bursche in Mursuk oft schon mit 70 Maria-Theresien-Thaler bezahlt wird). Es scheint aber als ob jetzt energischere Maassregeln, besonders vom englischen Generalconsulate sollen ergriffen werden.

Der derzeitige Gouverneur von Tripolitanien Ali Riza Pascha ein Algeriner, ist im Ganzen ein Mann von Bildung, aber obschon er recht gut französisch spricht, und alles im Schloss bei ihm à la franca ist, so hat er doch lange nicht das Humane, und ein so gutes Administrationstalent wie sein Vorgänger Mahmud Pascha; dieser war nach seiner Abberufung von Tripolis Kaputan Pascha oder Marineminister geworden, welchen Platz er auch noch heute im türkischen Reiche ausfüllt. Ali Riza Pascha war in Frankreich erzogen worden, nachdem sein Vater früher Algier aus Franzosenhass verlassen hatte, und nach Constantinopel übergesiedelt war. Später als er einsah, dass er nicht gegen den Strom schwimmen konnte, schickte er durch Vermittlung der französischen Botschaft in Constantinopel seinen Sohn auf die Artillerieschule nach Frankreich, wo Ali Riza Pascha sich das Officierspatent erwarb und dann gleich darauf in türkische Dienste trat. Da er seine Studien in Frankreich gemacht hatte, konnte ihm hier Avancement nicht fehlen, und im Jahre 1860 hatte er schon den Rang eines Mareschals. Sein Charakter ist seltsam gemischt, so theilte er z.B. Morgens Almosen aus an fanatische Druische, welche Spottlieder auf die Christen und christliche Religion sangen, und ging Abends auf einen Ball oder in eine Gesellschaft, die irgend ein europäischer Consul gab. Er versuchte einige Verschönerungen in der Stadt anzubringen, aber seine Maassregeln waren alle nur halb. Er hatte einen kleinen Thurm mit einer Uhr bauen lassen, und eine Glocke schlug die

Stundenzahl; als nun die Araber sagten, der Pascha habe eine christliche Glocke (als Abzeichen einer Kirche in üblen Geruch bei fanatischen Mohammedanern) errichten lassen, verbot er jedem bei Gefängnissstrafe das Wort „Glocke" zu gebrauchen, und in den ersten Tagen dieses Uhr-Thurmbaues waren immer einige Individuen im Gefängniss, welche sich des Wortes Glocke[13] unvorsichtigerweise bedient hatten.

Ali Riza Pascha gab auch Bälle, ebenso der Schich el bled Ali Gergeni, aber beide hüteten sich wohl ihre eigenen Frauen dabei erscheinen zu lassen. Diese durften sich zwar die Herrlichkeiten des Tempels wohl mitansehen, aber nur von einem Zimmer aus, dessen Thür ein Gitter hatte, von wo aus sie alles sehen konnten, ohne bemerkt zu werden. Sobald ein europäischer Consul eine Gesellschaft gab, pflegten Beide nie zu fehlen.

Am meisten Aufsehen machte indess sein Colonisationsversuch von Cyrenaica. Wenn schon die Alten unglücklich gefahren waren, als sie sich zuerst ca. 640 Jahre vor Christi Geburt bei Plataea, dem heutigen Bomba, unter Battus niederliessen, so war Ali Riza Pascha dadurch keines Besseren belehrt; er ging Anfangs 1869 mit zwei ihm von Constantinopel zur Disposition gestellten Dampfern, welche mit Baumaterial, Lebensmitteln etc. beladen waren, nach Bengasi und von da nach Bomba und Tokra. Die Colonisten waren zusammengelaufenes Gesindel, Bettler und obdachlose Leute aus Tunesien, welche die Hungersnoth nach Tripolitanien getrieben hatte, und dann Leute aus Sauya, Djebel und Mschia, welche nichts zu verlieren hatten. Für den Unterhalt dieser Leute glaubte Ali Riza Pascha dadurch zu sorgen, dass er jedem Familienvater einige Stück Ziegen, Abgabenfreiheit auf gewisse Zeit, eine pecuniäre Unterstützung (ca. 20 türkische Piaster monatlich, also einige Groschen mehr als ein preuss. Thaler), Getreide um eine Aussaat zu machen, dann von der Regierung errichtete Wohnungen gewährte. Europäische Colonisten schloss er ganz aus, aber mehrere Consuln begleiteten ihn.

Wenn man nun aber die Indolenz der Mohammedaner, den Nomadenhang der Araber, ihren unabhängigen Charakter in Betracht zieht, so ist es sehr die Frage, ob diese Colonie mit solchen Leuten reussiren wird. Die Hauptsache aber, woran das ganze Unternehmen scheitern dürfte, ist die schlechte Wahl der Oerter, wo Ali Riza seine Colonisten hinführte; ein Blick auf die Karte von Afrika zeigt uns zwar, dass Bomba und Tabruk die einzigen guten, natürlichen Häfen an der ganzen Küste zwischen Alexandrien und Goletta sind, wo Schiffe gegen alle Stürme gesichert ankern können. Und immer im Winter bei schlechtem Wetter war dies auch die einzige Zufluchtsstätte für dort in der Gegend auf hohem Meere sich befindende Schiffe gewesen, Ali Riza Pascha scheint aber vorher nicht gewusst, und es später übersehen zu haben, dass bei Bomba und Tabruk gar kein fruchtbares Hinterland ist, sondern gleich Wüste, die Leute also, welche sich dort niederlassen, gar keine

Gelegenheit haben, Aussaaten zu machen, oder selbst nur Viehzucht zu treiben. Und einen Ort an dieser Küste, mit solchen Menschen, unter solchen Verhältnissen emporblühen zu sehen, erscheint mehr als zweifelhaft. Eben die Gründe, dass eine Existenz hier nicht möglich war, zwang die Griechen diesen Ort zu verlassen, um dann in der Nähe am Apolloquell die berühmte Cyrene zu gründen.

Obgleich denn auch türkische Zeitungen pomphaft die Colonisationsangelegenheit beschrieben haben, so liegen uns aus Privatbriefen Nachrichten vor, dass schon Streitigkeiten mit den dort nomadisirenden Arabern ausgebrochen seien, hauptsächlich des Süsswassers wegen, das auch nur spärlich vorhanden ist.

Das gesellschaftliche Leben ist namentlich im Winter recht rege, obschon es sehr durch die Rivalitäten der verschiedenen Consulate gestört wird, im Winter 1868/69 wurde es aber noch sehr vermehrt durch den Aufenthalt von Alexandrine Tinne und später des Baron von Maltzan. Alexandrine Tinne, die kühne holländische Reisende, war gerade einige Wochen vor mir in Tripolis eingetroffen, von Malta und Tunis kommend, und bereitete sich vor, ins Innere zu gehen. Wie immer auf ihren Reisen ohne festen Plan, hatte sie sich endlich doch entschlossen, nach Fesan und Bornu zu gehen, hatte aber auch schon damals die Absicht, nach Rhat zu gehen, um die dort hausenden Tuareg zu besuchen. Vergebens versuchte ich sie von diesem Gedanken abzubringen, sie glaubte fest, dass, weil Hadj Chnochen, einer der Chefs der Tuareg, vor Jahren mit Colonel Mircher eine Art von Vertrag gemacht hätte, sie vollkommen sicher in dieser Gegend voll jener wilden Horden reisen könne, vergebens beschwor ich sie, jene grossen französischen aus Eisen gemachten Wasserkisten nicht mitzunehmen, welche allerdings für die französischen Truppen in Algerien ganz praktisch sein mögen, aber für einen einzelnen Reisenden die grösste Gefahr herbeiziehen, weil sie eben die Raubsucht der wilden Stämme erweckt, vergebens suchte ich sie zu bewegen, bewährte Diener von Tripolis mitzunehmen, statt jener Algeriner und Tuniser, auf deren Treue sie gar nicht bauen konnte, und welchen sich merkwürdigerweise eine Menge unnützer Weiber und Kinder zugesellt hatte. Alexandrine Tinne liess sich nicht rathen, oder glaubte die Gefahren in den Gegenden, die sie vor hatte zu bereisen, geringer als sie in der That sind. Armes Mädchen, alle liebten sie in Tripolis; Christen, Juden und Mohammedanern war sie in der kurzen Zeit ihres dortigen Aufenthaltes eine Freundin geworden, sie schied wie so viele vor ihr frohen Herzens und mit kühnem Muthe, und wie so viele vor ihr, sollte sie Tripolis nie wiedersehen. Jetzt bleichen ihre Gebeine mit denen ihrer einzigen beiden treuen Diener im weissen Sande von Fesan, nicht alleine, schon zwei Christen wurden vor langen Jahren auch dort begraben. Friede sei ihrer aller Asche.

Leptis magna.

Tripolis liegt ganz ausser dem Verkehre, die regelmässigen Dampfer, welche das ferne Alexandria und das noch weitere Constantinopel täglich mit Triest und Marseille verbinden, berühren Tripolis nie. Von den drei hauptsächlichen Linien, ohne die vielen Privatdampfer zu nennen, der Messagerie Imperiale, dem österreichischen Lloyd und der Peninsular and Oriental Company, kommt kein einziger Dampfer nach dem alten Oea— und warum auch? Ausser Alexandria giebt es an der ganzen Nordküste von Afrika keine einzige Stadt, welche auch nur im allerentferntesten einen Vergleich mit den blühenden Hafenplätzen vom gegenüberliegenden Europa eingehen könnte.

Der einzige Verkehr von Tripolis nach Europa wird durch das kleine Dampfschiff Trabulos Garb, welches dann und wann nach Malta fährt, unterhalten. Es ist aber so schwach, dass es das geringste Unwetter scheuen muss; ausserdem Eigenthum des Schich el Bled oder des Stadtvorstehers von Tripolis, hängt es ganz von den Launen dieses Mannes ab, das Boot gehen zu lassen, oder nicht.

Auf diese Art waren wir in Tripolis festgebannt, da der Dampfer des schlechten Wetters wegen nicht auslaufen konnte; um aber dennoch wieder Abwechslung und Nutzen aus diesen gezwungenen Aufenthalt zu ziehen, beschloss ich nach Lebda zu gehen, dem einzigen Ort, welcher namhafte Sehenswürdigkeiten bietet auf der langen Strecke von Tripolis nach Bengasi.

Montag am 21. Januar, Nachmittags, brachen wir auf. Ich hatte alle Kameele des Königs zur Verfügung, sowie die Leute, welche mit der Karawane nach Bornu abgehen sollten, an ihrer Spitze den alten Mohammed Gatroni, der auch noch zuguterletzt nach Tripolis gekommen war und der einen weissen Meheri ritt, welchen ich ihm bei der Trennung in Bornu zum Geschenk gemacht hatte. Mohammed Gatroni, das alte Factotum Barths, der Timbuktu gesehen, Sokoto und Kuka mehreremale durchzogen hatte, war hieher gekommen, um die Geschenke des Königs für den Sultan von Bornu zu begleiten. Nach seinen grossen Wanderungen mit Barth war er eine Zeitlang mit Hrn. v. Beurmann gereist, und hatte schliesslich mich durch die grosse Wüste bis Bornu, Mandara und Gombe begleitet, sowie endlich im Sommer 1867 meine sämmtlichen Kisten allein durch die Sahara zurückgebracht. Als der König von Preussen beschloss, die Geschenke des Schich Omar zu erwiedern, und zugleich seine Zufriedenheit zu bezeigen für die gute Behandlung, die der Sultan von Bornu den deutschen Reisenden, namentlich Hrn. v. Beurmann und mir, erwiesen hatte, war der Gatroner ausersehen worden, die Geschenke zu überbringen; als aber zweifelhafte Briefe über ihn von Mursuk einliefen, wurden, wie schon angeführt, die Anerbietungen des

Dr. Nachtigal, eines am Tuniser Hofe lebenden Preussen, angenommen, als Ueberbringer der Geschenke des Königs nach Kuka zu gehen. Kaum war dieser in Tripolis eingetroffen, als auch der alte Gatroner ankam, es war somit die beste Sicherheit vorhanden, dass die Geschenke gut übermittelt würden. Dr. Nachtigals Instrumente waren jedoch noch nicht von Malta angekommen, und darin bestand der Hauptgrund, um den Dampfer abzuwarten. Denn da unser Landsmann die Absicht hatte, wo möglich von Bornu aus weiter nach dem Innern vorzudringen, so wollte ich ihn natürlich nicht zu einer Abreise ohne Instrumente drängen, wodurch für mich freilich mehr als ein Monat verloren ging.

Wir waren zu spät aufgebrochen, um Tadjura zu erreichen, welches zwar nur 6 Kilometer von Tripolis entfernt liegt, selbst aber eine Längenausdehnung von 5 Kilometern besitzt, und wo das Landhaus des italienischen Consuls uns hinlänglichen Comfort geboten hätte. Vielmehr mussten wir um 5 Uhr Abends bei bedecktem Himmel und Dunkelheit das Zelt aufschlagen. Wir hatten nur Melcha erreicht, einen Salzsee, der sich zwischen der Mschia und Tadjura befindet.

Aber auch hier sollten wir nicht einmal ruhig lagern, denn bald brach ein solcher Regen über uns aus, von den heftigsten Windstössen begleitet, dass uns in einem Augenblick die Zelte über den Köpfen weggerissen wurden. Der Wind blieb fortwährend so stark, dass an ein Wiederaufschlagen nicht zu denken war, und die Dunkelheit verhinderte jeden Weitermarsch, obgleich die Häuser nicht fern waren. Das beste blieb also, sich ruhig unter die umgewehten Zelte zu legen und den Morgen zu erwarten.

Unter diesen Umständen war andern Tags an einen regelrechten Marsch nicht zu denken, sondern mit Tagesanbruch gingen wir in die Wohnung des italienischen Consuls, froh ein Unterkommen gefunden zu haben, um unsere Schäden wieder ausbessern zu können. Der Landsitz des Consuls befindet sich ganz am Südrande der Oase und ist von hohen Dünen, die Tadjura sowohl als die Mschia umgeben, durch einen kleinen See getrennt, auf welchem oft zahlreiche wilde Enten sich herumtummeln. Tadjura selbst ist eigentlich mit der Mschia und dem Sahel, einer Palmenstrecke zwischen beiden, eine und dieselbe Oasis; politisch ist es indess insofern von Sahel und Mschia unterschieden, als die Bewohner der beiden letztgenannten Orte gar keine Abgaben von ihren Palmen zu geben brauchen, während die von Tadjura von jedem Palmbaum eine bestimmte Abgabe entrichten müssen. Die Befreiung der Mschia und des Sahel ergiebt sich daraus, dass die männliche Bevölkerung kriegspflichtig ist, gewissermaassen also eine Art Militärcolonie vorstellt. Wenn übrigens die Zahl der Dattelbäume in Tadjura vom türkischen Gouvernement auf nur 80,000 angegeben wird, so liegt dabei der Umstand zu Grunde, dass das Geld der als gezählt eingetragenen in den Staatsschatz abgeliefert werden muss; aber sicher existirt eine eben so grosse

Zahl nicht gezählter Bäume, von denen natürlich auch die Abgabe, 2½ Piaster, erhoben, aber nicht in den öffentlichen Schatz fliesst. Man wird nicht zu hoch greifen, wenn man die Zahl der Palmen in Tadjura auf 200,000 angiebt.

Wir blieben den ganzen Tag über in Tadjura, um die Zelte trocknen zu lassen und andere Dinge auszubessern; aber von da an hatten wir wenigstens günstiges Wetter. Ohne mich bei der Beschreibung des langweiligen Weges aufzuhalten, führe ich nur an, dass wir am ersten Tage nach unserm Abgange von Tadjura dicht beim Kasr Djefara am ued msid, am andern Tage am Fusse des Gebirges, gegenüber der weissschimmernden Kubba Sidi Abd el Ati's campirten.

Am dritten Tage stiess ich auf das Lager Hammed Bei's, des Gouverneurs von Choms, welcher gerade von Tripolis gekommen war, wo er bei seinem Schwiegervater, dem Muschir und Marschall Ali Riza Pascha, die Ramadhanfestlichkeiten verbracht hatte. Hamed Bei erklärte nun gleich: ich solle in Choms oder Lebda nicht Zelte schlagen, sondern in seinem Hause wohnen, und ich nahm, da ich aus der Erfahrung wusste, wie wenig angenehm und sicher in Lebda das Campiren ist, mit Freuden sein Anerbieten an. Er brach dann vor mir auf, am Nachmittag aber konnte ich es mir schon in Choms in seinem gastfreundlichen Hause bequem machen.

Da es noch früh am Tage war, so ging ich gleich mit dem Photographen nach der Ruinenstätte, um im Voraus diejenigen Plätze zu bestimmen, von wo aus Aufnahmen erfolgen sollten, und kehrte dann Abends nach Sonnenuntergang in die Wohnung Hamed Bei's zurück. Hier erwartete uns ein splendides Essen, und besonders auffallend war, dass Hamed Bei, wir waren doch nur zu zweit bei Tisch, d.h. er und ich, eine so glänzende Erleuchtung spendete. Da waren auf den Nebentischen grosse massiv silberne Candelaber, der Esstisch selbst hatte zwei mit je fünf Kerzen. Das merkwürdigste war, dass mein Wirth einen ausgezeichneten Tischwein führte, und selbst mit Maass und Anstand zu essen und zu trinken verstand. Natürlich waren Messer und Gabeln vorhanden, und die Diener, fünf an der Zahl, so abgerichtet, dass sie selbst nach jedem Gange die Bestecke und Teller wechselten. Einer von ihnen war Hauptmann der Infanterie, was nicht hinderte, dass er in Uniform aufwartete. Hamed Bei selbst, der sehr eifersüchtig darüber wachte, dass alles europäisch zuging, gab dann und wann befehlende Seitenblicke oder Fingerzeige, und war wie in Verzweiflung, wenn nicht alles nach seiner Meinung fränkisch zuging. Dass nun in der Reihenfolge der Gerichte, in ihrer Zubereitung selbst, nach unsern Begriffen seltsame Anordnungen vorkamen, kann man sich leicht vorstellen: leben doch in Tripolis die Europäer selbst eher türkisch als europäisch in ihren Gesellschaften.

In Hamed Bei lernte ich einen der besten Civilisationstürken kennen, gerade aber ihn hatten die Tripolitaner aus der nächsten Umgebung des Pascha's zu entfernen gesucht, und dies dadurch erlangt, dass er als Kaimmakam nach Choms versetzt wurde. Rechtlicher als die meisten Beamten, war er, sagt man, namentlich dem Schich el bled, oder Stadtvorsteher von Tripolis, ein Dorn im Auge gewesen, und dieser hatte mittelst seiner Freunde, des Personals des französischen Consulates, seine Entfernung von Tripolis verlangt. Man muss aber nicht denken, dass Hamed Bei deshalb nach unsern Begriffen in Geldsachen ein makelloser Mann gewesen sei; die Leute in Choms erzählten mir sogar, dass er allein bei den Abgaben von den Oelbäumen das Doppelte erhebe (statt eines halben Sbili einen ganzen), und als ich auf dem Rückwege zufällig mit einem der untern Beamten, einem Abgabensammler, zusammentraf, fügte dieser hinzu: dass Hamed Bei in den letzten Tagen etwa 18,000 Mahbub—ein Mahbub ist etwas mehr als ein preuss. Thaler—bei den Abgabensammlungen profitirt habe. Dabei lobte merkwürdigerweise der Abgabensammler Hamed Bei in solch warmen Ausdrücken, dass ich nicht umhin konnte zu fragen, ob er selbst nicht auch sein Profitchen gemacht habe, was er zwar in Abrede stellen wollte, indess sicher der Fall war. Araber und Türken sind übrigens so an Erpressungen und Unterschleife gewöhnt, dass sie sich ohne sie gar keine Administration denken können; Civilisation, rechtliche Verwaltung sind auch überdies schon bei Völkern unmöglich, die ihre Richtschnur nach dem Koran nehmen; wer heutzutage noch glauben kann, die Völker civilisiren zu wollen, welche dem Islam huldigen, der komme und sehe selbst die Türkei, Aegypten und Tunis, und ich glaube sagen zu dürfen: alle mohammedanischen Staaten sind heute noch dasselbe, was sie vor hundert Jahren gewesen, d.h. zu einer Zeit, wo die sogenannten Reformen bei ihnen noch nicht eingeführt waren. Man kann nicht genug wiederholen, dass gewisse Völker nicht zu civilisiren sind, eben weil ihre eigene Gesetzgebung keine Civilisation erlaubt. Würden wir Europäer vielleicht nicht in demselben Fall sein, wenn wir zufällig uns nicht freigemacht hätten von einer Religion, die für ganz andere Völker in längst vergangenen Zeiten, zu anderen Bedürfnissen passte? Denn sicher wird man nicht behaupten wollen, dass die Sitten und Bedürfnisse, die ganze Anschauungsweise eines Volkes zur Zeit der Pharaonen, zur Zeit der Cäsaren dieselben waren, wie sie es jetzt sind im Jahrhundert des Telegraphen und des Dampfwagens. Glücklicherweise für uns ist unser Christenthum heute aber auch nicht mehr das Christenthum der ersten Jahrhunderte: wer dieses will, gehe nach Abessinien oder besuche die Copten oder andere Völker, die streng an den Satzungen der Kirche festgehalten haben, und sehe, was aus ihnen geworden ist.

Trotz eines heftigen Windes nahmen wir am folgenden Tage vier Ansichten von Lebda auf: das südliche Stadtthor, die südliche Front der grossen Basilika, die Ansicht eines grossen Palastes, der wahrscheinlichen Wohnung des Höchstcommandirenden, und eine Uebersicht vom Hafen, der freilich jetzt ganz versandet ist.

Lebda fanden wir völlig so, wie wir es verlassen hatten, höchstens um einige Säulenstümpfe ärmer, die der jetzige Gouverneur von Tripolis, Ali Riza Pascha, von dort nach Tripolis hatte holen lassen, um damit seine Anlagen zu verunzieren.

Es wäre gewiss merkwürdig zu wissen, ob die Sandüberschwemmung Lebda's auf einmal oder nach und nach eingetreten sei. Ich glaube, man muss wohl beides annehmen; denn nach der ersten Zerstörung von Leptis magna fand Justinian die Haupt-, d.h. Weststadt so mit Sand überschüttet, dass er die Wiederherstellung aufgab und seine Hauptsorgfalt auf die Neapolis oder Oststadt verwendete[14]; es muss also ein aussergewöhnlicher Orkan geherrscht haben, der nach der Zerstörung durch die Vandalen diesen Stadttheil mit aufgewühltem Meeressand überschüttete. Kleinere Stürme fügen noch immer Sand hinzu, und so dürfte einmal eine Zeit kommen, wo ganz Lebda, wenigstens der westliche Stadttheil, die eigentliche Hauptstadt, verschwunden sein wird.

Wie indess hier die Sanddünen in geschichtlicher Zeit aus dem Meere geworfen worden sind, so ist vor Zeiten die ganze grosse Aregformation in der Sahara ebenfalls ein Meeresproduct, und die Behauptung französischer Forscher[15] gänzlich unhaltbar, dass die Dünen der Wüste ein Zersetzungsproduct von Felsen seien. Lebda nun, wie es sich uns heute zeigt, bildet drei Haupttheile. Die hoch- und dickmaurige Altstadt, auf beiden Seiten des Flusses gelegen, doch so, dass die Haupthälfte sich auf dem linken Ufer befand, während auf dem rechten nur Gewölbe gewesen zu sein scheinen; nahe dem Meere zu, südlich von dem westlichen Hafenfort, scheint die Stadtmauer der östlichen Stadthälfte zugleich die des Hafens gewesen zu sein. Wenigstens fällt die Südseite des Forts auf der rechten Flusszunge direct ins alte Hafenbassin; sie bildet dort schöne Quais, woran noch die grossen Quadern zur Befestigung der Schiffe vorhanden sind, und Treppen, welche zum Hafen hinabführten; jetzt natürlich steigt man mittelst der Treppen auf aufgewehten und aufgeschwemmten Sandboden. Diese Altstadt enthält fast allein die öffentlichen Gebäude: als Paläste, Kirchen, das Forum etc., aber alle zur Hälfte, einige ganz, von Sand überschüttet.

Kaum möchte ich indess glauben, dass das, was Barth als πόλις oder Altstadt bezeichnet, dies wirklich gewesen sei. Ich glaube vielmehr, dass die westliche Landspitze mit dem heute noch Staunen erregenden Festungswerke sonst unbewohnt war, denn man findet auf dieser Landspitze—die auch viel zu eng ist, um nur zwei Reihen von Häusern aufzunehmen, mögen wir uns die Privatwohnungen der Griechen und Römer noch so beschränkt denken— gar keine andere Spur von Gebäuden, als solche, die auf Vertheidigung und

Schutz hindeuten, und gerade eben die drei Ueberreste von Quermauern, welche die Landzunge von der Altstadt trennen, deuten darauf hin, dass hier das eigentliche Reduit lag. Die kolossalen Quaderbauten nach dem Meere zu sind vollkommen gut erhalten, leider erlaubte der Sturm mir nicht, die unterirdischen Kammern, die vom Meer aus in die untere Partie des Forts münden, zu besuchen; das Meer peitschte mit solcher Gewalt seine schäumenden Wogen gegen die Oeffnungen, dass es unmöglich war, hineinzudringen. Die ganze Landzunge ist übrigens nach dem Meere zu durch eine starke Quadermauer geschützt.

Westlich von der Altstadt findet sich nun ein Ruinenfeld, welches fast bis nach Choms hinreicht. Von diesem Ort ausgehend, stösst man auf einen fast 50' hohen Obelisken, aus Sandstein erbaut, gut erhalten, der wahrscheinlich ein Grab ziert. Die zahlreichen Grundmauern von Privatwohnungen und einige öffentliche Gebäude deuten an, dass hier eine „Neustadt" war; eine Mauer scheint dieselbe nicht umgeben zu haben.

Aus den Beschreibungen der Alten geht übrigens hervor, dass Leptis wenigstens vor der Römerherrschaft schlechtweg den Namen Neapolis führte. Nach Sallust von den Sidoniern gegründet, welche Unruhen halber ausgewandert waren, entstand die Stadt unter dem Namen Leptis an dem Orte, wo wir die jetzigen Ruinen vor uns haben, ungefähr zur Zeit als Cyrene schon aufgehört hatte, von Königen regiert zu werden, sich aber zu einer Republik constituirt hatte.

Scylax kennt die Stadt dann nur unter dem Namen Neapolis und Strabo und Ptolemäus schreiben, „Neapolis auch Leptis genannt". Unter den Römern erhielt sie den einheimischen Namen zurück, und wurde magna genannt, im Gegensatz zu Leptis bei Carthago.

Leptis magna musste eine sehr reiche Stadt sein, da sie, wie Livius anführt, täglich ein Talent Silber als Abgabe an Carthago zahlte. Im Kriege der Römer mit Jugurtha hielt sie zu ersteren, wurde daher sehr begünstigt und erhielt die Rechte und Begünstigungen einer Colonie, als solche kennen sie Plinius und Ptolemäus noch nicht, auf den Peutinger'schen Tafeln ist sie aber als Colonie gezeichnet.

Kaiser Severus that ausserordentlich viel für die Stadt, aber bei dem Einbruche der Ausurianer ging sie fast ganz zu Grunde, und der spätere theilweise Wiederaufbau unter Justinian vermochte ihr ihre alte Blüthe nicht wieder zu geben. Im siebenten Jahrhundert fiel sie dann ein Opfer der hereinbrechenden Araber, um nicht wieder von ihren Ruinen und den sie deckenden Sanddünen zu erstehen.

Die eigentliche spätere Neustadt befand sich indess auf dem rechten Ufer des Lebda durchschneidenden Flusses, und hat einen sehr ausgedehnten

Umfang, auch ist noch überall die Grundmauer ihrer Umgebung deutlich wahrzunehmen. In späteren Zeiten war sie indess wohl der Hauptsitz der Bevölkerung, da Septimus Severus seinen Palast sich dort erbaute. Gleich östlich von diesem Stadttheile zieht sich dann die Nekropole nach SO. hin, von der Wasserleitung durchschnitten, welche im Hafenquai selbst mündete.

Das besterhaltene Denkmal ist der Hippodrom von Leptis magna, und für eine Provinzialstadt war er sicher einer der grössten und prächtigsten[16]. Ganz am Ostende aller Baulichkeiten von Lebda gelegen, zieht er sich dicht am Meere hin, derart, dass die eine Wand durch das Ufer, also natürlicherweise, gebildet wird, während die andere der ganzen Länge nach durch einen grossartigen Steinbau, welcher zugleich das Meer abhält, begrenzt wird.

Das ganze Stadium ist derart angelegt, dass auf eine innere Länge von 550 Schritten das Westende mit einem Tempel anfängt, dessen mächtige Grundmauern noch erhalten sind. Von diesem Tempel bis zur Spina sind 200 Schritte: es war dies der Raum zum Ablaufen, Aphesis genannt. Die Spina selbst, überall 5 Schritte breit, beginnt mit einem Rundtempel, halben Durchmessers, aber nur die Basis dieses Tempels, durch einen Zwischenraum von der Spina getrennt, ist noch vorhanden. In der Mitte der Spina befand sich ein anderer Tempel, 120 Schritte vom ersten entfernt. Ueberhaupt haben beide Häfen einen wahrscheinlich überdachten Säulengang gehabt, wenigstens finden sich überall die Spuren eines Säulenganges, sowie zahlreiche Säulenüberreste. Beide Hälften der Spina sind mit Durchgängen versehen. Dem Rundtempel gegenüber befindet sich am andern Ende der Taraxippos, oder das Umkehrzeichen, in Form eines Halbkreises von der Spina getrennt. Der Hippodrom scheint mit keiner Rundung abgeschlossen zu haben, aber auf der äussersten östlichen Wendung, wo die künstliche Mauer mit dem natürlichen Erdwall, der auch steinerne Sitze hatte, zusammenstösst, befindet sich ein solides pyramidenartiges Gebäude, das vielleicht eine Statue trug.

Gleich südlich vom Stadium erhob sich das Amphitheater, es ist aber nichts weiter davon übrig, als die kreisrunde Einsendung in den Boden, welche theils natürlich, theils künstlich ist.

Ich habe mich darauf beschränkt nur eine allgemeine Uebersicht der Topographie der Stadt zu geben, da mit Ausnahme des Hippodroms eine Beschreibung der einzelnen Gebäude, ohne sie vorher vom Sande befreit zu haben, unmöglich wäre. Beim Photographiren der Basilika hatte ich indess noch das Glück, eine Inschrift zu entdecken, die, wenn auch nicht von besonderem Interesse, doch neu ist; auch konnte ich mehrere Gemmen kaufen, sowie einige Münzen. Hamed Bei hatte sogar die Freundlichkeit, mich auf einen nahe liegenden Berg führen zu lassen, wo er eine Inschrift entdeckt hatte.

Darüber aber, und weil Hamed Bei mich nicht ohne Frühstück fortlassen wollte, verlor ich meine Karawane. Ich hatte sie nämlich schon am Morgen früh fortgeschickt, und dem Gatroner gesagt, nach einem kleinen Tagmarsch am Wege zu lagern. Da ich aber vom Berge, wo die Inschrift sich befand, erst Nachmittags herunterkam, überfiel mich beim Weiterreiten schnell die Nacht, und unmöglich war es, irgend etwas zu unterscheiden. Obgleich ich mehrmals Doppelschüsse abfeuerte, namentlich so oft ich Wachtfeuer erblickte, wollte es mir nicht gelingen, den Lagerplatz meiner Leute ausfindig zu machen, und um 10 Uhr Abends, als mein Esel, der nun den ganzen Tag im Gange gewesen war, nicht mehr weiter konnte, musste ich mich endlich entschliessen, ein anderes Lager zu suchen. Zudem musste ich jetzt meine Karawane längst hinter mir gelassen haben.

Glücklicherweise sah ich bald ein Wachtfeuer, und schickte meinen Neger dorthin, ein Nachtlager zu erbitten. Es fand sich, dass nicht weit vom Weg ein einzelnes Araberzelt stand und die Eigenthümer bewilligten auf's gastlichste meine Bitte. Freilich war von Bequemlichkeit keine Rede, die Leute waren so arm, dass sie nicht einmal eine Matte besassen, und wenn nicht ein beständig unterhaltenes Feuer, neben welchem ich mich ausstreckte, die ganze Nacht etwas Wärme im luftigen Zelte verbreitet hätte, so würde ich bitter von Kälte gelitten haben. Man kann sich leicht denken, dass das Abendessen bei diesen armen Leuten nicht besser ausfiel: etwas Basina (Weizenmehl-Polenta), welche ich mit meinem Wirth aus einer Schüssel mit den Fingern ass, war alles, was zu haben war. Mein armer Esel fuhr noch schlimmer: nicht einmal Stroh war für ihn aufzutreiben.

Die armen Leute, von der türkischen Regierung ganz ausgesogen, hatten übrigens ihr Möglichstes gethan, und so nahm ich am folgenden Morgen mit Dank von ihnen Abschied, indem ich einem kleinen Kinde im Zelte reichlich an Geld gab, was ich bei den Eltern verzehrt hatte. Denn dem Araber selbst Geld für seine Gastfreundschaft anzubieten, wäre gegen alle gute Sitte gewesen. Mein Esel, der an Altersschwäche litt, wollte gar nicht mehr von der Stelle, und nachdem ich einige Stunden zu Fuss marschirt war—den Esel liess ich durch meinen Neger treiben—war ich froh, als ich in einem Zelte, welches dicht am Wege von Beduinen aufgeschlagen worden, ein Pferd zur Weiterreise miethen konnte. Hungrig wie ich war, fand ich hier ein besseres Mahl. Eier, Milch und Gerstenbrod setzten mich in den Stand, noch an demselben Abend Tadjura, freilich etwas spät, zu erreichen, und hier kehrte ich im Landhause des italienischen Consuls ein, denn auch mein Pferd wollte nicht mehr weiter.

In der That ist der Weg von Tripolis bis Lebda bedeutend weiter, als man nach den Karten glauben sollte, die zahlreichen Krümmungen verlängern die Strecke sicher um ein Viertel; dazu kommen mehrere Strecken Dünen, auf denen Thiere und Menschen bald ermüden. Am andern Morgen früh war es nur noch ein Spazierritt bis zu meiner Wohnung in der Mschia. Meiner Karawane, der ich vorausgeeilt war, gelang es übrigens schon am folgenden Morgen einzutreffen; die Kameele hatten sich auf dem Wege ebenso gut gehalten, wie die Leute.

Bengasi.

Ich hatte mich sehr beeilt von Lebda wegzukommen, weil ich vermuthete, dass bei dem schönen Wetter der Dampfer rasch von Malta zurückkommen würde, und ich keinenfalls Veranlassung sein wollte den Abgang der Karawane nach Bornu zu verzögern. Wider Erwarten war das Dampfschiff noch nicht angekommen, ja ein von Malta eingetroffenes Telegramm besagte, dass das Schiff erst nach Ende des Carnevals abgehen würde.

Herr Rossi hatte daher gleich einen Saptié (berittener Soldat) nach Lebda geschickt, mit einem Briefe des Inhalts: ich brauche mit meiner Rückreise nach Tripolis nicht zu eilen, leider hatte mich dieser Saptié verfehlt. Es that mir dies um so mehr leid, als ich so die Gelegenheit aus der Hand gegeben hatte, noch mehrere interessante Ansichten von Lebda photographiren zu lassen.

Endlich kam nach dem Carneval der lang ersehnte Dampfer an, und nun konnte, da seit langem alles vorbereitet war, die Karawane abgehen.

Es war dies das erstemal, dass ein officieller Act unter preussischer Aegide seitens Deutschlands in Tripolis vorgenommen wurde. Wenn auch in früheren Zeiten fast die Hälfte aller von Tripolis abgegangenen Reisenden Deutsche gewesen waren, so waren dieselben, wie Barth, Overweg und Vogel, durch Englands Gelder ausgerüstet, und von der englischen Regierung abgeschickt, als Engländer betrachtet worden. Die von Moritz v. Beurmann und mir unternommenen Reisen hatten einen vollkommen privaten Charakter gehabt; wenn auch bei meiner Reise nach Bornu der König von Preussen sich mit einer grossmüthigen Unterstützung betheiligt hatte, so war nie von einem Regierungsunternehmen die Rede gewesen.[17] Ganz anders war es jetzt: Dr. Nachtigal ging mit einem bestimmten Auftrage in's Innere, einem Auftrage, der ihm vom König von Preussen, dem Schirmherrn von Norddeutschland war übermittelt worden. Sein Abgang musste daher mit einer gewissen Feierlichkeit stattfinden. Zum erstenmale sollte die neue norddeutsche Fahne in's Herz von Afrika getragen werden, und auf dem Christenhause in Kuka, der Hauptstadt Bornu's, wehen, wo bis jetzt nur die englische und die Bremer Flagge war gesehen worden. Die schwarz-weiss-rothe Flagge sollte, so hoffen und wünschen wir, von hier noch weiter getragen werden, wo möglich bis an die Ufer des indischen oder atlantischen Oceans. Ueberdies waren wir während der Zeit unseres Aufenthaltes in Tripolis von allen Consulaten mit Aufmerksamkeiten aller Art überhäuft worden. Die einzelnen Familien wetteiferten, um uns unsern temporären Aufenthalt so angenehm wie möglich zu machen.

Am Tage des Abganges der Karawane lud ich daher sämmtliche Consuln und die angesehensten Familien der Stadt ein, beim Abschiede gegenwärtig zu sein. Die Zelte des Dr. Nachtigal waren schon vorher am Rande der Mschia aufgeschlagen worden. Kameele und Gepäck lagen daneben. Fast alle kamen unserer Einladung nach, auch das türkische Gouvernement hatte sich durch Hammed Bei, dem Schwiegersohn des Gouverneurs, und durch einen in Wien erzogenen Officier, Masser Bei, Oberst im Generalstab, vertreten lassen. Dort am Ende des Palmwaldes, am Anfange der Sanddünen, wurde nun den Tripolitanern ein Piknik gegeben, wobei natürlich der Stoff des Essens nach arabischer Manier hergerichtet war, d.h. in gerösteten Hammeln und enorm grossen Kuskussu-Schüsseln bestand; aber auch Wein, freilich nicht von bester Sorte, wurde geschenkt, so dass die Gesundheit auf den König Wilhelm vom holländischen Generalconsul, sodann die auf die glückliche Ueberkunft der deutschen Expedition vom englischen Generalconsul unter allgemeinem Jubel ausgebracht werden konnten. Schliesslich kamen dann auch noch die Tripolitaner Stadtmusikanten, eine Flöte, eine Harfe, eine Geige und eine Trommel heraus, so dass es den tanzlustigen Tripolitanerinnen, ein Platz war bald gefunden, an Walzern und Polka's nicht fehlte.

Man kann sich denken, mit welchen Augen Araber der Stadt und Umgegend diesem, für sie nie gesehenen Treiben, zusahen. Wahrscheinlich hielten sie uns alle für christliche Derwische, und der alte Gatroner, der nie früher Europäer gesehen hatte als nur vereinzelt, und nie weiter nach Norden in Afrika gekommen war als Mursuk, schwur beim Haupte des Propheten, er wolle nach Rückkehr von Bornu nach Prussia selbst, „in scha Allah."

Am andern Morgen früh trat die Karawane ihren ersten Marsch an, nachdem sie Nachts am Rande der Mschia campirt hatte, die hohen Sanddünen entzogen sie bald unsern Blicken, und wir unsererseits kehrten nach der Stadt zurück, und hatten somit die Aufgabe, die Geschenke des Königs für den Sultan von Bornu von Tripolis aus abzusenden, gelöst.

Es handelte sich jetzt darum, ein Schiff zu finden, um nach Bengasi zu kommen, denn der Weg um die grosse Syrte war durch die lang anhaltenden Regen ganz unpassirbar geworden, namentlich wäre es unmöglich gewesen ihn mit Kameelen zu durchschreiten. Die Ufer der Syrte befanden sich in dem Zustande, wie sie von Strabo und Mela so treffend beschrieben worden sind. Uebrigens glaube ich, dass wenn della Cella meint, die Landschaft südlich von der grossen Syrte habe den Namen Sert oder Sürt als Erinnerung und Ableitung von Desertum, er darin einfach übersieht, dass der Ausdruck „surtis" von „surein" ziehen, eben so gut auf's Land passt, wie auf den Meerbusen selbst. Land und Meer verschwimmen um die Zeit der hohen, durch den Nord- und Nordwestwind hervorgebrachten Fluthen, und wer um diese Zeit eine Reise um die grosse Syrte machen wollte, würde rettungslos in die Tiefe gezogen werden, falls er nicht einige nur den Eingebornen bekannte Pfade, die hindurchführen sollen, inne hielte. Ueberdies ist das, was wir auf den Karten unter dem Namen die Syrtenwüste bezeichnen, keineswegs Desertum, sondern das fruchtbarste Weideland, von vielen Nomaden und ihren Heerden durchzogen. Der Weg aber bot im Verhältniss zu seiner Länge wenig interessantes, wenn man nicht von einzelnen Punkten Excursionen in's Innere machen wollte. Von della Cella, Beechey und Barth, was die Küste anbelangt, beschrieben, konnte man nur dann hoffen auf diesem Wege neues zu bringen, falls man über Mittel und Zeit zu Nachgrabungen zu verfügen hatte.

Da Dampfer nur zufällig nach Bengasi eine Fahrt machen, so konnte ich blos an Segler denken, aber selbst bei widrigem Winde, wo die Schiffe circa 14 Tage unterwegs sind, war es einer Landreise gegenüber, welche nicht unter 35 Tagen gemacht werden kann, eine bedeutende Zeitersparniss; bei günstigem Winde segelt man blos drei, manchmal nur zwei Tage. Es traf sich sehr gut, dass Ali Gergeni, der Scheich el bled von Tripolis, eine Brigg im Hafen für Bengasi fertig clarirt hatte, aber er wollte sie nur gleich absegeln lassen, wenn ich die ganze Cajüte miethen würde. Gross und comfortabel war dieselbe nun zwar nicht, aber dafür theuer. Indess ohne Wahl, blieb mir nichts anderes übrig. Ausserdem hatte ich für fünf meiner Leute zu zahlen und für meinen Reitesel, und musste wenigstens für zwanzig Tage Proviant einnehmen.

Indess konnte ich am Sonnabend Abend, am 20. März, einige Tage nach dem Abgange der Karawane des Königs, mit allen meinen Leuten an Bord gehen, und am andern Morgen früh segelten wir mit halbem Winde aus dem Hafen. Die Brigg hatte ein entsetzliches Aeussere, auf dem Decke lungerten 40 bis 50 zerlumpte Araber, Juden, Levantiner Christen, Greise, Männer, alte Weiber, Frauen, Kinder, alles Kuddelmuddel durcheinander, mit ihren werthlosen Habseligkeiten: Töpfen, Matratzen, alten Teppichen und Kisten und Kasten. Von der Cajüte aus sich bis zum Vordertheile des Schiffes einen Weg zu bahnen, war kaum möglich, so voll war das Verdeck.

Diese Cajüte, circa 4 Fuss Cubik haltend, denn sie war auch so niedrig, dass man nur ganz gebückt sich darin halten konnte, hatte ausserdem drei Cojen, Tische und Stühle fehlten, als in einem Araberschiffe selbstverständlich, sie hätten auch schwerlich Platz gefunden, dennoch gelang es, einen Theil meiner Bagage unterzubringen. Und besser, als ich gedacht hatte, ging die Fahrt von statten, etwas Seekrankheit, etwas Sturm, etwas Windstille waren unsere Abwechslung, denn unser Reis (Capitain) war ein erfahrener Mann, und statt sich an der Küste zu halten, fuhren wir geraden Wegs nach Bengasi über, hatten mithin bald das Ufer ausser Sicht verloren. Schon am sechsten Tage erblickten wir Land, und bald darauf tauchte das Minaret auf, dann die Stadt, welche sich von weitem recht stattlich ausnahm. Viel trugen freilich das Fort an der einen Seite, die Palmengärten, die schmucken europäischen Häuser, und im Hintergrunde die bläuliche Bergkette dazu bei.

Aber ohne einen kleinen Schreck sollten wir nicht davon kommen. Schon hatten wir einen Lootsen an Bord, und derselbe hatte das Commando übernommen, als nach einigen Windungen zwischen den Klippen das Schiff aufstiess. Das Wasser war so klar und so wenig tief, dass wir überall Grund sehen konnten, wir waren auf einen Felsen gerathen, wo nach Aussage des Lootsen noch 7 Fuss Wasser sei, und unser Reis behauptete, das Schiff ginge nur 6 Fuss tief. Das konnte nun unter gewöhnlichen Umständen der Fall sein, aber überladen, wie es war, ging es mindestens 7 Fuss tief. Grosses Geschrei und Umherstürzen waren die nächste Folge, jeder schrie und commandirte, aber niemand gehorchte. Und schon glaubte ich, es würde beim „Gott ist der Grösste, nur bei Gott ist Hülfe", sein Bewenden haben, als zahlreiche Boote vom Ufer stiessen. Unser Reis, der noch der Vernünftigste von allen war, liess nun gleich fast alle Passagiere debarquiren, und dann rasch einen Theil der Ladung nachfolgen, so wurden wir nach kurzer Zeit flott, und ohne dass die Brigg Schaden genommen hatte, wurden wir dann in den Hafen bugsirt.

Mittlerweile hatte ich einen meiner Leute mit den debarquirenden Passagieren an's Land geschickt, um Quartier zu suchen, und die alsbald auf den Consulaten als Gruss aufsteigenden Flaggen sagten mir, dass man meine Ankunft erfahren hatte. Nicht lange dauerte es denn auch, so kamen der englische und französische Consul an Bord, um mich abzuholen, und gleich darauf waren wir im geräumigen, englischen Consulatsgebäude untergebracht. Herr Chapman, der den abwesenden Alterthumsforscher, Herrn Denys, als Consul vertrat, nahm uns mit der liebenswürdigen Gastfreundschaft auf, welche im Auslande Engländer und Franzosen so sehr vor den andern Nationen auszeichnen.

Am folgenden Tage wurde dann gleich mit der Ausrüstung begonnen; es waren Kameele, Sättel, Stricke, Maulkörbe für die Kameele (gegen die von den Arabern sehr gefürchtete Drias-Pflanze, bis jetzt von allen Reisenden für das berühmte Silphium gehalten) und vor allen der nothwendige Proviant zu schaffen. Frühere Reisende in Cyrenaica haben sich damit beholfen, Kameele zu miethen; ich fand die Preise aber so in die Höhe getrieben, dass ich mich entschloss, welche zu kaufen, und dies habe ich später auch keineswegs zu bereuen gehabt. Freilich musste ich auch noch die Zahl der Diener um einige erhöhen, aber andererseits war ich dafür Herr meiner Karawane und meiner Bewegungen, konnte zudem annehmen, dass bei dem reichen Krautwuchse zu der Jahreszeit, wo in Cyrenaica alles grünte und blühte, die Kameele sich so halten würden, um sie nach beendeter Reise mit nicht allzugrossem Verluste wieder an den Mann bringen zu können. Fünf gute Kameele wurden mir also durchs französische Consulat eingekauft, alle anderen Einkäufe besorgte der Canzler des englischen Consulats. Selbst wenn man der Sprache, aller Sitten und Gebräuche eines Landes mächtig ist, ist es für einen Fremden immer am gerathensten, sich dergleichen durch Ansässige besorgen zu lassen, will man nicht den grössten Prellereien ausgesetzt sein.

Es kam nun noch die grosse Frage eines Beschützers aufs Tapet: in Bengasi war man der Ansicht, ein Europäer könne sich unmöglich allein in die Cyrenaica hineinwagen, das Ansehen der türkischen Regierung sei überall gleich Null, die Gegend voller Räuber und Strolche, und ohne Begleitung eines einflussreichen Chefs sei eine Reise aufs Hochland unausführbar. Den vereinigten Vorstellungen der Europäer glaubte ich nachgeben zu müssen, und zwei Männer, einer von den Franzosen, der andere von den Engländern protegirt, kamen nun in Vorschlag. Ich entschied mich für letzteren, Mohammed Aduli, weil er die meiste Garantie zu bieten schien. Obschon Fremdling in der Gegend, war er vor Jahren von Mesurata eingewandert, und hatte dann die geschiedene Frau eines der angesehensten Chefs von Barca geheirathet. Er war reich, hatte mehrere Häuser in Bengasi und war unter andern Besitzer des englischen Consulates. Gegen die geringe Miethe von 90 Mahbab jährlich lautete der vor Jahren abgeschlossene Contract, mit dem Beisatz, dass so lange das englische Gouvernement in Bengasi ein Consulat habe, dies Haus ihnen für 90 Mb. zur Verfügung stände; an ein Kündigen von Seiten des Aduli war gar nicht zu denken. Dergleichen Miethscontracte wurden von den Europäern vor noch 20 Jahren oft mit den eingebornen Städtern geschlossen, in Tripolis haben fast alle Europäer so gemiethet, jetzt sind die Mohammedaner gescheidter.—Sein eigentliches Zeltdorf, oder, wie man in Barca sagt, „Freg", war dicht bei Gaigab, also auch nicht weit von der alten Cyrene selbst gelegen.

Leider erfuhr ich später, dass Mohammed Aduli derselbe war, der Hammilton nach Cyrene begleitet hatte, und alle die Beschwerden, welche dieser gegen ihn vorbringt, kann ich nur unterschreiben. Hatte er später auch mehreremale Denys begleitet und war bei Porcher und Smith thätig gewesen, so kann ich doch nur die Erfahrung Hammiltons: „Mohammed serving his own, utterly neglected my interests" bestätigen. Der Aduli schien eine solche Reise nur zu seinem eigenen Vortheile zu machen; der zu escortirende Reisende war für ihn ein bequemes Mittel, auf die billigste Art eine Geschäftsreise zu erledigen, und andererseits vergrösserte er dadurch noch seinen Einfluss bei Türken und Arabern. Hernach stellte sich auch heraus, dass die Gegend gar nicht so gefährlich sei, die Bewohner sind zwar diebisch, würden aber, so lange man sich innerhalb der türkischen Castelllinie hält, es kaum wagen, etwas gegen das Leben eines Europäers zu unternehmen.

Ich blieb nur einige Tage in Bengasi, und hatte mich von Seiten der Europäer der zuvorkommendsten Aufnahme zu erfreuen. Die verschiedenen Consulate, die Geistlichen des Franciscanerklosters, die Schwestern und

Privatpersonen, alle boten ihre Dienste an und wetteiferten, mir den Aufenthalt so angenehm wie möglich zu machen. Aber auch die türkische Behörde, obschon der Pascha selbst, wie schon bemerkt, noch nicht eingetroffen war, zeigte sich anerkennungswerth zuvorkommend. Sie bot mir Saptién und Empfehlungsbriefe an, da man indess auf dem englischen Consulate der Meinung war, dass eine türkische Begleitung der Eingebornen wegen eher schädlich als nützlich sein würde, so lehnte ich dankend das Anerbieten ab. Auch dies war, wie ich später erfuhr, eine irrige Ansicht, das türkische Gouvernement ist in seinem Rayon überall respectirt; übrigens wäre die Mitnahme von Saptién, wenn auch nicht schädlich, doch ganz überflüssig gewesen.

Seit den ersten Besuchen von europäischen Reisenden hat sich Bengasi bedeutend gehoben und gebessert. Beechey giebt die Einwohnerzahl nur auf 2000 an, während della Cella früher schon 5000 vorgefunden haben will. Barth rechnet 10,000 Einw. und Hammilton deren 10–12,000, vertheilt auf 1200 Häuser. Gegenwärtig wird die Stadt etwa 15,000 Einw. haben, von denen 2000 Europäer sind, meist Malteser, Italiener und Griechen. Die übrigen Eingebornen theilen sich in Mohammedaner arabischen Ursprungs und etwa 2 bis 3000 Juden.

Die Stadt selbst, welche ihren Namen von einem Heiligen Namens Ben Ghasi oder Ben Rhasi hat, dessen Grabmal sich unfern der Stadt im Norden befindet, liegt hart am Meere, derart, dass sie auf eine von Norden nach Süden zu laufende Landzunge gebaut ist, die im W. vom Mittelmeere selbst, im O. von Lagunen bespült wird. Eine andere gegen die nördliche strebende von Süden her kommende Landzunge bildet mit der erst erwähnten das Thor zum Hafen, welcher 6' tief, bei hohem Wasser mit den Lagunen der flachen Salzsee communicirt. Bei Landwinden aber ist zwischen dem Hafen und den Seen eine Passage, und im Sommer trocknen diese oft ganz aus. Der Hafen ist so versandet, und überdies bei starken Stürmen so unsicher, dass im Winter die Schiffe Bengasi nur selten, und dann auf kurze Zeit, berühren. Im Sommer ist übrigens auch die Rhede ein guter Ankerplatz. In diesem Jahre sind Ingenieure von Constantinopel gekommen, um neue Hafenbauten aufzuführen, und es lässt sich leicht voraussehen, dass die Eröffnung des Canals von Suez auch hier einen belebenden Einfluss ausüben wird. Mit einigen kräftigen Baggermaschinen und mit zweckmässig angelegten Landungsdämmen wird sich leicht und ohne grosse Kosten ein guter Hafen herstellen lassen.

Der vorletzte Gouverneur von Bengasi hat sehr viel zur Verschönerung der Stadt gethan; während früher die Stadt ganz des Schmuckes irgend eines Thurmes entbehrte, hat er für die Haupt-Moschee ein hohes, schlankes Minaret bauen lassen, das schon von weitem den Schiffern vom Meer aus die Stadt Bengasi verkündet. Der Hauptbazar in der Mitte der Stadt, elegant und zweckmässig angelegt, ist auch seine Schöpfung. Und die Hauptsache ist, dass alle Waaren vorhanden sind; in der That giebt es heute keinen Artikel, der nicht in Bengasi zu haben wäre. Die Strassen in der Stadt sind zwar nicht gepflastert, aber passirbar, zudem gerade und für den Verkehr hinlänglich breit. Die Häuser sind solide aus Steinen gebaut, und auch äusserlich die meisten mit Kalk beworfen; alle sind numerirt, sehr viele haben eine zweite Etage, namentlich fast alle die, welche in dem letzten Decennium von den Europäern oder türkischen Beamten gebaut worden sind, die innere Einrichtung ist wie überall im Süden: in der Mitte ein viereckiger freier Platz und lange schmale Zimmer mit Thüren und Fenstern, welche sich auf den Hof öffnen. Jedes Haus hat einen Brunnen, das Wasser aber, welches man schon bei 6 Fuss Tiefe findet, ist brakisch. Die Häuser der Europäer, auch alle mit einem freien Hofraum im Innern versehen, haben geräumige hohe Zimmer, und die meisten besitzen allen Comfort, wie man ihn nur in Europa wünschen kann. Drei grössere Moscheen, zwei Synagogen und eine katholische Kirche sind für den Gottesdienst vorhanden. Die Moscheen bieten äusserlich nichts bemerkenswerthes, doch dürften im Innern viele römische und griechische Alterthümer vermauert sein, leider wurde es mir nicht erlaubt, eine zu besuchen.

Die neue katholische Kirche (für den derzeitigen Gottesdienst dient ein grosser Saal des Klosters) wird, wie das grosse Kloster, ganz von Mönchen gebaut werden, nur die gröbsten Arbeiten werden von arabischen Hilfsarbeitern geleistet. Sie wird ganz aus behauenen Quadern von Kalkstein und im romanischen Styl errichtet. Diese fleissigen Franciscaner, erst vor wenigen Jahren von dem uralten Kloster von Tripolis als Filiale nach Bengasi geschickt, sorgen ausserdem für die Erziehung der Kinder der christlichen Bevölkerung. Dicht beim Kloster ist auch das von ihnen erbaute Hospital der französischen Schwestern, welche zugleich eine Töchterschule haben, und durch Arzneivertheilung an Arme ohne Unterschied der Religion von den Arabern die christlichen Marabutia (Heiligen) genannt werden. Auch diese sind nur eine Zweiganstalt von der grossen in Tripolis.

Ohne Mauern, hat man zum Schutze der Stadt im Anfange dieses Jahrhunderts ein Castell erbaut, das zugleich die Mündung des Hafens schützen soll. Aber obgleich äusserlich sauber gehalten, ist dieses Fort baufällig und würde europäischer Artillerie, einerlei, ob neuester oder älterer Construction, keinen Widerstand entgegensetzen können. In diesem Castell hat die Regierung ihren Sitz, ausserdem befinden sich Harem, Casernen, Gefängnisse etc. darin. Eine neue grosse Caserne, es sind in der Regel nur 500 Mann Infanterie in Bengasi, liegt dicht beim Castell und daneben das türkische Militärhospital. Als vorzüglich muss noch die Sanitätseinrichtung hervorgehoben werden, wenn auch die Direction nicht mehr von einem deutschen Arzte, wie zur Zeit Hammiltons, geleitet wird, so ist dieselbe jetzt unter der intelligenten Aufsicht eines türkischen Arztes nicht minder gut, und lässt nichts für den gesundheitlichen Zustand von Stadt und Hafen zu wünschen übrig.

Der Regierung steht ein von Tripolis abhängiger, jedoch von Constantinopel ernannter Kaimmakam vor, welcher zumeist als Gouverneur des ganzen Ejalet Barca, dessen Hauptstadt Bengasi ist, regiert. Ihm zur Seite stehen für die geistlichen Angelegenheiten ein Mufti, für die richterlichen ein Khadi, welche ihre Ernennung von Tripolis erhalten. Ein Midjelis oder Rath aus den vornehmeren Kaufleuten der Stadt gebildet, und worin in neuester Zeit auch Juden und Rajas sitzen, hat berathende Stimme. Die Stellung der Europäer der türkischen Regierung gegenüber, ist wie in den übrigen Provinzen des osmanischen Reichs. Die Einkünfte und Ausgaben von Bengasi und Barca auch nur annähernd anzugeben, ist ganz unmöglich, sie schwanken überdies sehr, je nachdem ein anderer Gouverneur an der Spitze steht, oder je nachdem man Razzien, um den Tribut von den Nomaden einzuziehen, unternimmt. Die verschiedenen zu erhebenden Abgaben werden, wie in Tripolis, an Meistbietende verpachtet, und Christen und Juden sind davon nicht ausgeschlossen.

Die Consuln und angesehenen Franken wohnen in der Nähe des Hafens, die Mohammedaner und Juden wohnen durcheinander, ohne dass, wie man das in den meisten anderen Städten des Orients antrifft, die Juden ein eigenes Viertel, Melha genannt, bewohnen. Dass es an zahlreichen Kaffeehäusern, sowohl europäischen wie türkischen, nicht fehlt, dass eine Legion von Schenken schlechte griechische und sicilianische Weine, starke Araki und Branntweine verkaufen, braucht wohl kaum angeführt zu werden. Bei den öffentlichen Gebäuden haben wir übrigens ein Bad anzuführen vergessen, das aber keineswegs empfehlungswerth ist, und wo namentlich die verschiedenen erwärmten Stuben fehlen, welche zu den heissen Bädern so nothwendig sind. Da das Wasser aus den beiden einzigen öffentlichen Brunnen zu den Bädern geholt wird, diese aber stark brakisch sind, und nur zum Viehtränken benutzt werden können, so wird das Unangenehme des Badens noch vermehrt. Das Trinkwasser für die Bewohner wird in Fässern und Girben (Schläuchen) von aussen weit hergeholt, und macht so den Einwohnern eine grosse jährliche Ausgabe.

Die Einwohner, Araber ihrer Abkunft nach, haben sich sehr stark mit Negerblut vermischt, sind daher sehr hässlich im Ganzen genommen. Möglicherweise sind auch Berberüberreste mit untermengt, sie verstehen und sprechen aber nur arabisch, und zwar haben sie den maghrebinischen Dialekt; auch im Schreiben hat bei ihnen das ڤq nur einen Punkt, und das ڢ f den Punkt unten. Sie befolgen den malekitischen Ritus, obschon in der Hauptmoschee, wo hauptsächlich das türkische Beamtenpersonal vertreten ist, hanefitisch gebetet wird. Sie sind fanatischer als die Tripoliner (man unterscheidet Tripoliner, den Städter, vom Tripolitaner, dem Bewohner der ganzen Provinz), was hauptsächlich seinen Grund darin hat, dass sie so häufig mit den freien, unabhängigen Bewohnern der Hochsteppen verkehren, überdies sind sie unwissender, und noch nicht in so innigen Beziehungen mit den Europäern, als die Tripoliner. Ihre Tracht ist die der übrigen Tripolitaner, aber auch hier verdrängt nach und nach das mehr zum Arbeiten geeignete europäische Costüm das malerische, aber die freien Bewegungen hindernde, orientalische. Ein reicher arabischer Kaufmann hält es heute für unumgänglich nothwendig, französische Glanzstiefelchen zu tragen, und ein Paletot ist nichts seltenes mehr, auch haben die meisten schon ihr weites Hemd gegen ein europäisches vertauscht. Was nun gar die arbeitende Classe anbetrifft, ich meine die Diener, Taglöhner der Stadt und die am Hafen beschäftigten Maschapsträger, so ist da die enge Hose, ein europäisches, wo möglich buntes Hemd, und, wenns erschwungen werden kann, europäisches Schuhzeug, ganz eingebürgert; nur der leidige Fez will sich noch immer nicht verlieren.

Man glaubt aber nicht, welche Revolution bei diesen Völkern ein Kleiderwechsel macht, und gewiss hat die türkische Regierung bei den Reformen Recht gehabt, ihren Beamten als ersten Schritt zur Civilisation vorzuschreiben, europäische Kleidung anzulegen. Sie hat dadurch dem Volke ein tägliches und sichtliches Zeichen gegeben, dass sie gewillt ist, mit den alten Sitten und Gebräuchen zu brechen und europäische Einrichtung und Gesetze anzunehmen. Bei diesen Völkern ist alles nur äusserlich, ihre ganze Religion ist nur äusserliches Ceremonienwesen, und man kann sich denken, wie hart es für die mohammedanischen Mucker war, mit ansehen zu müssen, dass die vornehmen Leute, die Beamten, ja der Beherrscher der Gläubigen selbst, christliche Kleidung anlegten. Welche Anzahl von Vorschriften und Gesetzen hatten sie nicht früher, um die Juden und Christenhunde zu verhindern, sich wie sie, die Rechtgläubigen, zu kleiden? Ja in einigen mohammedanischen Staaten, Marokko z.B., existiren dergleichen Gesetze noch heute. Die Franzosen aber, diese Araberbewunderer en gros, haben sicher grosses Unrecht, dass sie ihren arabischen Beamten in Algerien nicht von vornherein befahlen, französische Uniform anzulegen. Sie hätten dadurch die Schafe von den Wölfen am besten unterscheiden lernen können. Ein Beduinenchef in der Provinz Oran, diesem ewigen Krater der Revolution und des Krieges, der mit Vergnügen monatlich als Agha oder Kaid aus den Händen der französischen Regierung seinen Gehalt entgegennimmt, bis er glaubt genug zu haben, um zu revolutioniren, ein solcher Beduine würde sich eher erschiessen, als französische Uniform anziehen, aber dann fort mit ihm! Und nur solche angestellt, die, wenn sie besoldet sind, sich auch nicht schämen, die Jacke ihrer Herren zu tragen. Mit diesem einfachen Mittel würden die Franzosen alle ihre Araberchefs zwingen, Farbe zu bekennen.

Aber nein, die französische Regierung thut gerade das Gegentheil, um dieser Bevölkerung, welche eben ihrer Religion wegen sich nie civilisiren kann, zu schmeicheln, steckt sie ihre eigenen Soldaten unter dem pomphaften Namen Zouave in türkische Pumphosen.

Die Frauen haben mehr ihre nationale Tracht bewahrt. Ob sie auch so hässlich sind, wie die Männer, konnte ich wegen meines kurzen Aufenthalts nicht erfahren; die jungen Mädchen, welche bis 8 oder 9 Jahren unverschleiert auf der Strasse sich zeigten, sahen nicht viel versprechend aus.

Ganz anders verhält es sich mit den Juden, Männer und Frauen sind durchgängig schön zu nennen. Ob dies noch die Abkömmlinge der hier im Alterthum so zahlreich vertretenen Juden sind, ist schwer zu entscheiden, aber nicht unwahrscheinlich. Sie selbst haben keine Erinnerung oder Ueberlieferung; es ist übrigens sehr gut möglich, dass sich in ihren alten Chroniken Andeutungen davon finden, aber die eingeborenen Juden sind auch viel zu fanatisch, um einem Fremden einen Blick in ihre synagogischen Bücher zu gestatten. Wir wissen, dass unter der römischen Herrschaft die Juden allein das Recht hatten, Geld ausser Land zu schicken, ihren Tribut nach Jerusalem. Heute wiederholt sich noch ähnliches, zwar schicken die Juden das Geld nicht mehr nach Jerusalem, aber dieses sendet von Zeit zu Zeit Rabbiner durch die Welt, welche sammeln müssen. Auf unserer Fahrt von Tripolis leistete uns ein solcher Jerusalemer Rabbiner Gesellschaft; er hatte in Tripolitanien gesammelt und wollte dann sein Geschäft in Bengasi und Derna fortsetzen, er war noch dazu mein Landsmann, denn obschon in der Stadt Davids geboren, war er Unterthan des norddeutschen Bundes.

An Gärten besitzt Bengasi nur einen Palmhain, der sich nordwärts von der Stadt hinzieht. Obst und Gemüse gedeihen sehr schlecht, und um sie nur einigermaassen wachsen zu machen, sind die Gärten alle auf Matten gebettet. Das heisst, man hat das jetzige Terrain weggegraben, Matten gelegt und dann Dünger und guten Boden aufgetragen. Die Matten sollen offenbar einestheils das Aufsteigen des Salzwassers, anderntheils das Durchsickern der fruchtbaren Düngerjauche verhindern, und müssen daher immer erneuert werden. Ob sie aber diesen Zweck damit erreichen, habe ich nicht gut absehen können. Die Palme gedeiht an und für sich gut in salzhaltigem Terrain, ebenso die Olive, wie einige prächtige Bäume im englischen Consulate beweisen. Obst dagegen, namentlich Orangen, die gar nicht fortkommen wollen, und Gemüse können fast gar nicht gezogen werden. Alles Obst und Gemüse kommt daher von Derna, Candia, Malta und Tripolis. Sehr gut gedeiht aber noch Klee und Luzerne; die fruchtbare Ebene, die sich etwas weiter weg um die Stadt zieht, versorgt mehr als reichlich die Stadt mit Vieh und Korn.

Was den Handel anbetrifft, so hebt sich derselbe zusehends. In den letzten Jahren war der Hafen durchschnittlich von 300 Schiffen besucht. Natürlich beschränkt sich die Schifffahrt fast nur auf das mittelländische Meer, und grössere Schiffe als Zweimaster kommen nie nach Bengasi. Es lässt sich nicht leugnen, dass der wieder angeknüpfte Verkehr mittelst Karawanen nach Uadai dazu beigetragen hat, den Austausch mit dem Innern von Afrika zu beleben. Die grosse Menge von Sklaven, welche von dort kommen, abgesehen von dem Elfenbein und den Straussenfedern, werden hauptsächlich hier gegen europäische Producte verwerthet. Es ist überhaupt erstaunlich, wie in den letzten Jahren der Sklavenhandel schwunghaft betrieben worden ist, und hauptsächlich trug der Umstand dazu bei, dass den englischen Consulaten, die früher die einzigen von allen in dieser Angelegenheit den Türken und Arabern den Fuss auf den Nacken hielten, die Weisung von Constantinopel aus zugegangen war, so viel wie möglich sich der Einmischung zu enthalten. In diesem Jahre nun hat die Botschaft Englands in Stambul neuen Befehl gegeben, streng über die Verträge gegen den Sklavenhandel zu wachen. Die Consulate der anderen Mächte bekümmern sich gar nicht um dergleichen.

Ueber die Aus- und Einfuhr liegen keine statistischen Nachweise vor, beide steigen jedoch von Jahr zu Jahr, so dass man die Exportation jetzt auf etwa 1,500,000 Fr., die Importation auf 1,000,000 Fr. veranschlagen kann. Ausgeführt wird besonders Korn, Schafe, Rindvieh, Federvieh, Butter, Wolle, Eier, Honig, Häute, Elfenbein und Straussenfedern. Nach Aegypten werden auch alljährlich viele Kameele exportirt, deren Zucht in den grossen Ebenen südlich von Bengasi ganz vortrefflich gedeiht. Der Import umfasst alle europäischen Fabrikate, Tuche, Baumwollstoffe, schlechte Seiden und Sammetstoffe, Nürnberger Waaren, Lichter, Seifen und Oele, südliche Weine und Alcohol, Früchte und Gemüse. Theils bleibt dies für den Consum in der Stadt, theils wird die Waare von hier weiter nach dem Innern expedirt.

———————

Berenice, die Hesperiden-Gärten und der Lethefluß.

Wenig nur ist heute von diesem alten Sitze der Hellenen übrig, an dem Meere sich hinziehende Quaderbauten, in den Häusern verbaute Steine, Capitäler von Säulen, Schafte ohne Capitäler, Sarkophage, einige verstümmelte, schlecht erhaltene Statuen (zu Barths Zeit wurden drei ausgegraben), das ist es, was im heutigen Bengasi vom alten Euesperides oder Berenice noch zu finden ist. Aber selbst Reste einer Necropolis sind nur spärlich vorhanden, hie und da kleine Hypogeen, welche ursprünglich Steinbrüche gewesen zu sein scheinen, und dann erst später zu Todtenkammern weiter ausgearbeitet wurden, ist alles was in der nächsten Umgebung von Bengasi an Bauüberresten vorliegt. Höchst wahrscheinlich bestatteten hier die Bewohner ihre Todten in freien Sarkophagen, da das Terrain für in Felsen gearbeitete Gruben, wie man sie bei Cyrene, bei Ptolemais und Temheira findet, sich nicht als passend erwies. Auch begruben vielleicht die Juden, und diese machten seit Beginn dieses Jahrtausends die Hauptbevölkerung von Berenice aus, ihre Todten wohl nicht wie die übrigen Bewohner Cyrenaicas, und was daher weniges an Sarkophagen und anderen Grabmonumenten oberhalb des Bodens vorhanden gewesen sein dürfte, wurde längst als Baumaterial verschleppt.

Als die alten Griechen den Apolloquell von Cyrene entdeckt hatten, breiteten sie sich rasch über das ganze Land aus, und höchst wahrscheinlich wurde Euesperides, eine der fünf Städte, welche die Pentapolis bildeten, schon sehr frühzeitig gegründet. Wann dies nun geschehen, ist nicht genau zu ermitteln. Frühzeitig mit den umwohnenden Libyern im Kriege, theilt uns Thucydides mit, dass sie 413 v. Chr. von einer libyschen Belagerung durch eine Flotte von Peloponesiern, welche, nach Sicilien bestimmt, ans libysche Ufer waren verschlagen worden, befreit wurde. Dergleichen geschichtliche Anhaltspunkte liegen mehrere vor.

Ob nun die Stadt den Namen von den hochberühmten Gärten bekommen habe, indem die ganze Gegend wegen ihrer Fruchtbarkeit den Namen „die Gärten der Hesperiden" vorher hatte, und dann erst später die gegründete Stadt Euesperidae, Euesperitae (εὐεσπερίδαι und εὐεσπερίται) genannt wurde, ist auch nicht festzustellen. Das Eu wurde später weggelassen, schon Scylax hat es nicht mehr, noch später wird die Singularform Esperis gefunden, und die Römer setzten ein H vor. Zur Zeit des Ptolemäus Euergetes, welcher die Tochter des Magas, Namens Berenice, geheirathet hatte, verwandelte man zu Ehren dieser Frau den Namen der Stadt in Berenice; es scheint aber, dass noch lange die Bewohner den alten Namen beibehielten. Pomponius Mela, in der Mitte des ersten Jahrhunderts, kennt nur den Namen Hesperis, ebenso Plinius, der ungefähr um dieselbe Zeit schrieb; aber hundert Jahre später hält der Alexandrinische Geograph es schon für nothwendig, wenn er von Berenice spricht, hinzuzufügen, dass dies derselbe Ort sei, der früher Hesperides geheissen habe.

Im Mittelalter will Edrisi den Namen Berenice noch vorgefunden haben, ebenso Leo Afrikanus. Im Anfang des 17. Jahrhunderts finden wir bei Olivier den corrumpirten Namen Berrich, und Marmol nennt, um dieselbe Zeit Berbick. Heutzutage ist der alte Name gänzlich aus dem Gedächtnisse der Bewohner entschwunden, Bengasi verdankt, wie schon angeführt, einem mohammedanischen Heiligen seinen Namen.

Dass aber das alte Hesperis auf dem Platze des heutigen Bengasi steht, leuchtet auf den ersten Blick hervor. Von der ganzen Gegend hat sich nichts verändert, nur dass die Seen im Osten der Stadt mehr versandet sind. Wir wissen, dass Berenice auf der in das Vorgebirge Pseudoponias auslaufenden Landzunge lag, östlich davon der Tritonis-See mit einer kleinen Insel, welche nach Strabo oft mit dem Lande zusammenhängt, und den der Aphrodite geheiligten Tempel barg. Diese ganze Beschreibung, wie Strabo sie uns giebt, passt heute noch so genau, wie man aus der vorhingegebenen Topographie von Bengasi ersehen kann, dass es um so mehr zu verwundern ist, wenn Bourville im See Haua-Bu-Chosch im S.O. vom heutigen Bengasi den Triton-See, und in einer Oertlichkeit Siana die Gärten der Hesperiden erkennen will. Wenn nun aber auch, mit Ausnahme von Bourville, ältere und neuere Gelehrte im heutigen Bengasi das alte Berenice, im östlichen Salzsee den Tritonis, und in dem kleinen, jetzt von einem Marabut und einigen Araberhäusern gekrönten Hügel, die ehemalige Venus-Insel wieder erkennen, so sind grössere Meinungsverschiedenheiten wegen der hesperidischen Gärten und des Lethe-Flusses vorhanden.

Wir können wohl die Ansicht Thriges und Malte-Bruns u.a. übergehen, nach denen der Name der Gärten der Hesperiden eine blosse symbolische Idee gewesen wäre, eben so verwerflich ist die Gosselinsche Meinung, die Oasen der Wüste als die hesperidischen Gärten anzusehen. So viel steht fest, dass die Alten mit dem Namen der Gärten der Hesperiden bestimmt beschriebene Oertlichkeiten verbanden; so finden wir, abgesehen von den uns zunächst angehenden, eine hesperische Insel an der Mündung des heutigen Ued Elkus von Marokko, und noch später sehen wir, wie die Hesperiden-Gärten auf Inseln im atlantischen Ocean verlegt werden. Was unsere Hesperiden-Gärten in Cyrenaica anbetrifft, so erfahren wir zunächst aus einer Beschreibung des Scylax, dass dieselbe auf die Umgegend von Bengasi, mithin Berenice, gar nicht passt. Ausserdem giebt er mit präcisen Worten dieselben als beim Vorgebirge Phycus, mehr beim heutigen Marsa-Sussa gelegen, an. Die Küste wird als unnahbar, wie sie es dort in der That ist, beschrieben, die Ausdehnung des Garten genau angegeben, und die Obstsorten und Bäume, welche dort wachsen sollen, aufgezählt. Nach Pacho entspricht die Gegend beim Cap Razat (so ist auf den Karten der Neuzeit Phycus genannt, obschon die Eingebornen jenen Namen nicht kennen, sondern die Spitze Ras-el-Fig, was offenbar von Phycus hergeleitet ist, nennen), vollkommen dieser Beschreibung, er kehrt daher auch ohne weiteres der Gegend bei Bengasi den Rücken, und verlegt, sich auf Scylax stützend, die Gärten dorthin.

In der That ist es heute schwer, irgend eine Stelle in unmittelbarer Nähe von Bengasi zu finden, die wir mit dem Namen der Hesperiden-Gärten bezeichnen könnten. Es sind allerdings eigenthümliche Einsenkungen in dem felsigen Boden in der Nahe der Stadt, einige sind mit Wasser gefüllt, andere enthalten Gärten, und die, wenn sie auch nicht alle die Bäume hervorbringen, welche wir bei Scylax aufgezählt finden: Erdbeer, Maulbeer, Myrten, Lorbeer, Epheu, Oliven-, Mandel- und Nuss-Baum, doch eine auffallende üppige Vegetation zeigen. Beechey will nun, trotz der genauen Orteangabe bei Scylax, diese Einsenkungen der Beschreibung desselben von den Gärten passend finden, und stützt sich dabei besonders auf die von Scylax angegebene Entfernung von den Hesperiden-Gärten nach Ptolemais. Diese Entfernung von sechshundert und zwanzig Stadien zwischen den beiden Oertlichkeiten, passt aber auch auf die zwischen Ptolemais und Phycus.

Wir dürfen daher weder mit Pacho auf Scylax gestützt, die Gärten nach Phycus legen, noch ist es nöthig mit Beechey, ebenfalls sich auf Scylax stützend, dieselben in den Felsvertiefungen der Gegend von Bengasi erblicken zu wollen. Wir können eben nur annehmen, da jetzt ein bestimmter Ort bei Bengasi, der wegen besonderer Schönheit und Ueppigkeit der Pflanzen den Namen der hesperidischen Gärten verdiene, nicht vorhanden ist, dass die ganze Gegend im Laufe der Jahrhunderte in pflanzlicher Beziehung eine Umwandlung erlitten hat. Dies sehen wir nicht nur hier, sondern überall in Nordafrika lässt sich durch das massenhafte Entholzen, durch Waldbrände, eine Verwüstung ganzer Gegenden nachweisen. Dass aber die Hesperiden-Gärten in nächster Umgebung von Berenice gewesen sein müssen, dafür ist namentlich der Ausspruch Plinius entscheidend[18]: „Nicht weit von der Stadt (Berenice) ist der Fluss Lethon und der heilige Hain, wo die Garten der Hesperiden liegen sollen." Ferner sagt Ptolemäus: die Barciten hätten östlich von den Gärten der Hesperiden gewohnt. Kurz alle andern alten Schriftsteller, welche die Sache behandeln, verlegen die Gärten in die Nähe der Stadt. Barth, kurz darüber hinweggehend, sagt nur, dass bei Bengasi nach dem gemeinsamen Zeugnisse der Alten sich die Hesperiden-Gärten befunden, aber er glaubt auch, dass die Ansicht Beecheys, der aus der Beschreibung von Scylax, jene Felseinsenkungen bei Bengasi, als die Hesperiden-Gärten ansehen will, eine irrige sei.

Beechey (den Mitgliedern seiner Expedition) gebührt aber unstreitig das Verdienst, zuerst die Spuren des Lethe wieder gefunden zu haben. Wie die Gärten der Hesperiden für verschiedene Oertlichkeiten reclamirt wurden, so beanspruchten auch noch andere Gegenden den Ruhm, diesen Strom der Vergessenheit bei sich zu haben, man fand ihn in Thessalien, und auch die Lydier nahmen ihn für ihre Heimath in Anspruch. Die gewichtigsten Autoren der Alten verlegten ihn nach Cyrenaica. Und noch heute können wir im Laufe eines Uadi (zuerst von Beechey wieder entdeckt) im Osten der Stadt den Fluss so erkennen, wie ihn die Alten beschrieben haben. Dies Uadi, aus einer weiten Höhlung hervortretend, in der am Anfange das Wasser nur flach ist, im Innern jedoch breit und tief sein soll, zieht sich von Osten nach Westen hin, wird aber auf 1 K.-M. Entfernung vom Salzsee, dem alten Tritonis, durch eine Felsbarrière abgeschlossen. In derselben Richtung weiter gehend nach dem See zu, stösst man dann gleich auf eine Quelle von Süsswasser, welche einen kleinen immer fliessenden Faden von Wasser in den See giebt. Nach der Regenzeit soll, wie die Eingebornen sagen, das Wasser weiter aufwärts der Quelle aus dem Boden kommen, was allerdings darauf schliessen lässt, dass die Quelle mit dem aus der Höhlung kommenden Wasser, trotz der Barrière, unterirdisch communicirt, und darauf hin bei den Alten die Vermuthung oder den Glauben nahe legten, von dem Verschwinden und Wiedererscheinen des Lethon.

Wir finden also auch hier den Lethe noch so, wie ihn die alten Geographen beschrieben haben, nur vielleicht, weil die ganze Gegend trockener geworden zu sein scheint, nicht so bedeutend. Strabo lässt den Lethon in den Hafen der Hesperiden fliessen, Plinius verlegt ihn in die Nachbarschaft von Berenice, Scylax erwähnt eines Flusses unter dem Namen Eoceus[19] bei Berenice, Lucan verlegt ihn in die Nähe der Hesperiden-Gärten und des See's Tritonis, obgleich er diesen einen Platz an der kleinen Syrte anweist, Ptolemäus endlich giebt den Lethefluss als zwischen Berenice und Arsinoe fliessend an.

In der Topographie von Bengasi haben wir also weit mehr Anhaltspunkte für die alte Stätte von Berenice und den damit verbundenen Oertlichkeiten, als in noch etwa vorhandenen baulichen Ueberresten. Es ist dies in der That auf den ersten Blick überraschend genug, dass von einer so blühenden Stadt wie Berenice, so wenig Steine und Denkmäler übrig geblieben sind. Es erklärt sich dies aber wiederum aus der grossen Anzahl von Juden, welche unter Ptolemäus Soter nach Berenice geführt, wohl keine so festen und dauerhaften Bauten aufführten wie die Griechen. Und obgleich den Juden unter römischer Herrschaft manchmal ihre Privilegien entrissen wurden, entwickelten sie sich derart, dass sie in dieser Stadt den eigentlichen Kern der Bevölkerung bildeten, Cäsar, später Antonius, protegirten sie sehr, erlaubten ihnen vollkommene Freiheit für ihren Cultus, und ihre Genossenschaft wurde von einem eigenen Archonten regiert. Bald wurden sie so stark, dass sie unter Trajan und Hadrian in ihrem Fanatismus die Griechen niedermetzelten, so dass man gezwungen war, neue Colonien nach Cyrenaica abzusenden, um das Land wieder zu bevölkern. Bei der grossen Zerstörung, die dann später über ganz Cyrenaica einbrach, gingen auch die Juden von Berenice mit zu Grunde. Ob die Bewohner der heutigen blühenden Judencolonie directe Abkömmlinge der hier im Alterthume so zahlreich vertretenen Juden sind, ist schwer zu entscheiden, aber nicht wahrscheinlich.

Teucheira, Ptolemais und Reise nach Cyrene.

Alles war geordnet und marschfertig am 4. März, nur Mohammed Aduli, der als Führer und Sicherheitsmann uns begleiten sollte, machte Einwendungen so rasch aufzubrechen, zuerst schlechtes Wetter vorschützend, dann, indem er noch allerlei an der Ausrüstung auszusetzen hatte, namentlich aber darauf bestand, es müssten Maulkörbe für die Kameele gekauft werden, wegen der Drias-Pflanze. Als aber auch diese rasch herbeigeschafft waren, überdies alle meinten, dass wir in dieser Jahreszeit von der Drias für unsere Kameele nichts würden zu fürchten haben, konnte er keine Gründe zum Verzögern mehr vorbringen, und es stellte sich nun heraus, dass er hauptsächlich deshalb noch gerne einige Tage in Bengasi geblieben wäre, weil er selbst seine Einkäufe noch nicht beendigt hatte.

Um 1 Uhr Nachmittags war alles gepackt, und meine Leute trieben die Kameele vor sich her, zu denen noch mehrere schwerbeladene des Aduli gestossen waren, welche auf diese Weise auch frei von Abgaben die Stadt verlassen konnten. Ich selbst ritt mit dem englischen und französischen Consul, welche mich bis Tokra begleiten wollten, hinterdrein, und uns die ersten 3 Stunden nordöstl. haltend, zwischen den Seen und Palmgärten, waren wir bald in der grossen Ebene, welche zwischen Hochland und dem Meere liegt, und die hier äusserst fruchtbar und breit ist. Sobald wir die Seen vorbei hatten, hielten wir 80° Richtung, und stiessen nun häufig auf jene Felseinsenkungen, welche von einigen auch als hesperidische Gärten beschrieben und gehalten worden sind. Es war in der That ein eigenthümlicher Anblick, in einer vollkommenen freilich gut bewachsenen Ebene mit einem Male vor einem solchen mit steilen Rändern eingefassten Kessel zu stehen, dessen Grund die üppigsten Bäume und Küchengewächse enthielt, und die meist so tief waren, dass die Kronen der Bäume nicht über dem Rande hervorstanden. Dann ging unsere Richtung wieder N.-O., die Gegend wurde, je weiter wir zogen, desto üppiger, und gegen Abend waren wir schon so in Buschwerk, meist Lentisken, Myrthen und eine weissdornähnliche Staude, dass man jede Fernsicht verlor. Um 7 Uhr Abends hielten wir vor einem Fereg der Braghta, welches Schützlinge und Freunde vom französischen Konsulate zu sein schienen, denn wir wurden ganz ausgezeichnet aufgenommen.

Der Regen war immer in Strömen vom Himmel gekommen, und es kam uns daher recht gut zu Statten, dass man uns in ein grosses durchwärmtes Zelt führte, wo man weiche Teppiche ausgebreitet hatte, und auch unsere Diener alle, wir mochten in allem dreissig Personen sein, ein gutes Unterkommen fanden. Dass Schaffleisch, Basina, Kuskussu und grosse Milchschüsseln nicht fehlten, braucht wohl kaum gesagt zu werden; aber ebenso waren die

Teppiche und das Zelt voll jener hüpfenden und kriechenden Thierchen, so dass an Schlaf nicht viel zu denken war. Der Fereg, wo wir lagerten, hiess Thuil, nach einem Castell, Kasr Thuil, in der Nähe so genannt. Beechey und Barth erkennen in diesem Kasr Thuil das von Edrisi beschriebene Fort Kafes wieder.

Am anderen Morgen hatten wir gleich schlechtes Wetter, und die Gegend behielt so ziemlich denselben Charakter, nur dass die Vegetation üppiger, der Boden, je weiter wir nach Nordosten vordrangen, fetter wurde. Die Berge näherten sich uns so, dass die Ebene zwischen ihnen und der See immer schmäler wurde. Wir behielten die See fast immer in Sicht. Der Boden selbst besteht überall aus rothem Thon, weshalb die Araber auch Barca el hamra sagen. Viel Felsblöcke und Steingeröll liegt manchmal auf diesem fruchtbaren Boden, obgleich die Pflanzen üppig dazwischen emporschiessen. Das Gebirge, dessen steile Abhänge gut bewachsen sind, hat überall eine gleichförmige Höhe, und besteht nicht aus Bergen, sondern bildet ein Ufer. Die Araber nennen den ganzen Zug Erköb, d.h. der Aufgang. Die Ruinen von Thürmen, Castellen und einzelnen Wohnungen wurden immer häufiger. So passirten wir gleich nach der ersten Stunde eine Ruine Gasr Haddib, die etwas östlich vom Wege liegen blieb, und nach zwei anderen Stunden passirten wir ein weitläufiges Ruinenfeld, von den Eingeborenen Um es Schip genannt. Die Ausdehnung der Bauten, die vielen Häuserruinen lassen schon gleich den Gedanken aufkommen, dass hier eine Stadt gewesen sein müsse, und mit den Distanzen übereinstimmend (die Peutingersche Tafel hat bis Adrianopel von Berenice 28, und von Adrianopel bis Tauchira 25 M.), müssen wir hier die vom Kaiser Hadrian erbaute und nach ihm benannte Stadt Adrianopolis legen. In Folge der Judenkriege gegründet, um die heruntergekommene Cyrenaica wieder zu bevölkern, scheint der Ort zu Edrisi's Zeit Soluk geheissen zu haben, welchen Namen Barth in Tanseruch oder Tansluluk wiedererkennen will. Ich konnte diese Namen nicht erfragen, und Beechey, welcher auch hieher Adrianopolis legt, führt nur an, dass die in der Nähe befindlichen Seen Zeiana oder Aziana heissen, und will damit den Namen der Stadt in Verbindung bringen. Hammilton nennt ebenfalls den See Ez zajana, und schliesst auf Adrianopolis. Auch Pacho verlegt die Stadt Adrianopolis hieher. Ausgezeichnete Gebäude sind keine mehr vorhanden, wenn man nicht eines Castells, aus schönen Quadern erbaut, erwähnen will, und das jedenfalls zum Schutze der Stadt mitangelegt worden war.

Nach zwei anderen Stunden erreichten wir die Landschaft Bir Shus, wo unter alten Ruinen bedeutende Araberansiedelungen und Gärten, die ersten Nicht-Nomaden seit Bengasi sich befinden. Etwas südwestlich von hier sind Ruinen, die Beechey Mabli oder Nabli nennen hörte und glaubt dieselben auf Neapolis zurückführen zu müssen, Barth hörte sie Mebrig nennen.

Eine halbe Stunde später waren wir am ersten jetzt freilich trockenen Flussbett, uadi Bu Djarar, welches von der östlichen Bergwand herunterkömmt, und hatten nunmehr die zahlreichen Fereg der uled Auergehr erreicht. Erst als es schon ganz dunkel war, um 7½ Uhr Abends, waren wir zwischen den Ruinen von Teucheira. Aber welche Noth, um ein Unterkommen zu finden, rechts und links Gräber, Steinbrüche, überall Ruinen, dazu stockfinstere Nacht, mussten wir froh sein, an einer steilen Wand etwas Schutz zu finden, wo wir unsere Zelte aufschlagen konnten. Und bei immer vom Himmel giessenden Regen ging das natürlich nur sehr mangelhaft, und mehrere Male mussten wir alle Nachts wieder auf, um die umgesunkenen Zelte frisch aufzuschlagen. Da mein Zelt nur für eine Person eingerichtet war, so liess ich darin den Photograph und meinen deutschen Diener campiren und Mr. Chapman, Mr. Robert und ich legten uns in das etwas grössere der Diener. Aber welch angenehme Nacht verbrachten sie, welche auf eine Vergnügungstour bis Tokra gehofft hatten. Zum Glück hatten wir kalte Küche, Wein und Schnaps, mit denen die freundlichen Mönche in Bengasi mich beim Abschiede beschenkt hatten; Feuer anmachen war aber ganz unmöglich. Aber mit der Nacht hatte das Wetter ausgetobt; als am anderen Morgen uns die Sonne Licht brachte, fanden wir, dass wir in einem grossen Steinbruche seien, dessen steile Wände überall Gräber und Höhlen enthielten; zu demselben führte nur Ein Eingang, die Stadt selbst aber hatten wir im Dunkeln schon passirt.

Tokra, wie die heutigen Bewohner es nennen, was offenbar von Tauchira herkommt, ist heute fast ganz unbewohnt. Der Name Tauchira wurde von den Schriftstellern, die später als Ptolemaeus und Scylax darüber berichteten in Teucheira umgewandelt. Unter Ptolemaeus Philadelphus erhielt die Stadt den Namen Arsinoë, und unter Marcus Antonius endlich wurde sie Cleopatris genannt. Gegründet zur Zeit des Königs Arkesilaos von Cyrene, und im Anfange abhängig von dieser Stadt, wurde Teucheira bald darauf Barke unterthan. Wir wissen jedoch wenig von der Geschichte dieser Stadt; Herodot sagt, sie habe gleiche Gesetze mit der Stadt Cyrene gehabt; man rechnete sie zu den fünf Hauptstädten des Landes Pentapolitanien, und von den Römern wurde sie zur Colonie erhoben. Procop theilt uns mit, dass sie von Justinian ebenfalls aufs Neue mit Mauern umgeben wurde, und Edrisi beschreibt sie uns als eine mit Berbern bevölkerte Stadt. Jetzt ist die Stadt gänzlich verödet, Araber, vom Stamme der Braghta haben jedoch ihre Ackergründe in der Stadt und Umgegend, und halten sich bis zur Ernte hier auf, später ziehen sie dann mit ihren Heerden auf die Hochebene. Auch eine Sauya der Snussi befindet sich hier, in allerneuester Zeit angelegt.

Was an Bauwerken von der Stadt noch über ist, ist unbedeutend. Am besten erhalten ist die Mauer, aus grossen Quadern an der Basis errichtet; oben aber aus den verschiedensten Steinen erbaut. Und diese spätere

Wiederaufrichtung rührt offenbar von Justinian her, da man alles Mögliche dazu benutzte, was an Baumaterial zur Hand war, und so auch viele, mit jedoch unbedeutenden Inschriften versehene Steine eingemauert hat. Fast wie ein Viereck auf das Meeresufer erbaut, sind die Mauern der drei Seiten fast gleich lang, aber keineswegs gerade, sondern winklich und mit 26 viereckigen Thürmen versehen. Oft 15–18' hoch und 6' breit, ist die Mauer oft nur 3' hoch, ja an manchen Stellen bezeichnet nur hoher Schutt und umherliegende Steine die frühere Richtung. Beechey, der die Mauerlänge[20] genau gemessen, giebt dieselbe zu 8600' an. Zwei Hauptthore, an der westlichen und östlichen Seite, von Thürmen flankirt, und durch eine schnurgerade Strasse verbunden, führen in die Stadt. Nach der Seeseite hin scheint keine Mauer gewesen zu sein, auch ist nichts von einem Hafen zu bemerken, wenn nicht vielleicht ein grosser Steinbruch in der nordwestlichen Ecke der Stadt, der bis aufs Niveau des Meeres ausgegraben war, Schiffen einen Schutz gegen Stürme bot. Dass dieser Steinbruch heute versandet, also höher als das Meer ist, muss uns nicht wundern, trotzdem auch hier das Gesetz der Senkung der Küste sich beobachtet. Der Hafen von Leptis magna ist heute auch ganz versandet, communicirte aber sonst gewiss mit dem Meere, und bei Leptis sinkt das Ufer auch.

Im Innern der Stadt lassen sich die meisten geraden, jedoch nicht breiten Strassen deutlich erkennen, an Gebäuden treten nur zwei noch in die Augen, von denen das eine, ziemlich in der Mitte gelegen, zahlreiche Quadern hat, welche mit einem Lorbeerkranze umgebene Inschriften haben. Alles ist indess so durcheinander geworfen und verschüttet, dass ich kaum zu sagen wage, wozu dies Gebäude bestimmt gewesen sei. Ein anderes, ebenfalls viereckiges Gebäude, weiter nach Westen zu gelegen, scheint eine Kirche gewesen zu sein; viele Friese, mit Weinreben und Trauben geschmückt, liessen Pacho es für einen dem Bachus geheiligten Tempel halten. Spuren von Theater, Bädern, Stadien lassen sich nicht erkennen, es ist aber mehr als wahrscheinlich, dass eine Stadt wie Teucheira nichts der Art entbehrte, sondern, dass Alles nur unter dem oft sehr hohen Schutte verborgen ist.

Die Necropolis ist bedeutend, und lässt sich daraus schon schliessen, wie bevölkert einst Teucheira gewesen sein muss. Indess finden wir hier nichts Besonderes; man hat vielmehr die Steinbrüche zu Todtenkammern benutzt, derart, dass wenn ein solcher Steinbruch ausgebeutet erachtet wurde, man in die steilen Wände Todtenkammern anlegte. Das aus den Todtenkammern herausgeholte Material wurde natürlich auch noch zum Bauen benutzt. Alle Wände sind mit Inschriften wie bedeckt, welche aber gar kein geschichtliches Interesse haben, sondern nur Grablegenden sind, und alle in griechischer, aus ptolemäischer Zeit stammender Sprache abgefasst sind. Im Osten der Stadt sind zwischen den Steinbrüchen auch andere Gräber, und in diesem Gebiete hat der Engländer Denys lohnende Nachgrabungen gemacht. Die anderen Gräber, welche theils eingerichtet sind, um Leichname aufzunehmen, theils Aschenurnen enthielten, sind natürlich alle leer.

Der Regen hörte nicht auf wolkenbruchartig zu fallen; trotzdem gingen am folgenden Mittag der französische und englische Consul mit ihren Leuten zurück und wir blieben allein. Die Braghta waren übrigens recht gefällig und gutmüthig, sie brachten uns, natürlich zum Verkauf, Schafe, Ziegen, Butter und Milch in so grosser Menge, dass letztere selbst von unseren einheimischen Dienern nicht bewältigt werden konnte. Die Braghta bewohnen, wenn sie unten sind, die Gräber, sind aber so voll Ungeziefer, dass es unmöglich ist, in ein Grab einzudringen. Der unglückliche Berliner Photograph, der diesen Umstand nicht kannte, und in eins der Gräber gegangen war, kam schwarz bedeckt und schreiend herausgestürzt, und lief wie wüthend zwischen hohe Gras- und Buschfelder, um die kleinen schwarzen Peiniger abzustreifen, obschon er damit nur den kleinsten Theil los wurde.—Immer hoffend, dass das Wetter besser werden würde, um einige Photographien zu machen, blieben wir, es gelang auch, in einigen trocknen Momenten einige Ansichten aufzunehmen, später erwiesen sie sich aber als nicht gelungen.

Aduli's Stute hatte Nachts geworfen, und ich hatte mich schon darauf gefasst gemacht, eine neue Scene mit ihm zu haben, da ich dachte, dies würde ein guter Vorwand für ihn sein, um noch einen Tag länger zu bleiben, als ich sah, dass er ganz gelassen das junge Füllen aufs Kameel band; und als 9½ Uhr das Wetter etwas lichter wurde, verliessen wir unseren Steinbruch. Die Berge, schön bewaldet und immer mannichfaltiger in ihren Formen, blieben ungefähr in gleicher Entfernung, d.h. circa 1 Stunde vom Meere, allmählich sich so demselben nähernd, dass sie dicht hinter Tolmetta direct ans Wasser stossen. Die Gegend ist entzückend, reich an Vegetation, und voll von niedrigen Wildthieren, auch der Mensch fehlt nicht, wie die oft aus dem dicken Buschwerk auftauchenden Fereg der Araber beweisen.

Immer Nordost haltend, liessen wir nach der ersten Stunde den kleinen Ndjila-See mit Süsswasser rechts liegen, hier hausen die uled Duerdja, und bald darauf passirten wir einen ihrer grossen Fereg, Um el Hadjel oder Rebhuhnheim genannt. Um 12 Uhr erreichten wir den antiken Brunnen Erdana, und waren bald darauf im Landstrich, Schübka genannt, von dem Vorhergehenden in Nichts unterschieden, nur zahlreicher mit Ruinen von Thürmen und einzelnen Gebäuden bedeckt. Um 1½ Uhr passirten wir den kleinen Ued Asra, und eine halbe Stunde später ein anderes Uadi, das mir meine Begleiter jedoch nicht zu nennen wussten, uns aber auf die neuen Arabergräber Sidi Chaluf führte, wo wir um 2½ Uhr in einem Steinbruche, wo auch einige Grabnischen waren, unsere Zelte aufschlugen. Auch hier waren die Araber vom Stamme der Auergehr sehr freundlich, und wir konnten für Geld alles von ihnen bekommen. Leider hatten die Engländer die Preise überall so verdorben, dass man Schafe oder Ziegen nicht billiger als bei uns haben konnte. Nachts hatten wir blinden Lärm, einer meiner Leute, welcher Wache hielt, hatte eine Hyäne zu sehen geglaubt, und gefeuert; es stellte sich aber heraus, dass es das Füllen von Adulis Stute gewesen war; glücklicherweise hatte er vorbeigeschossen. Dies hatte aber zur Folge, dass die uns zunächst campirenden Auergehr herbeikamen, indem sie glaubten, wir seien von Räubern angegriffen worden. Die Auergehr sind sehr zahlreich, stehen aber in einem abhängigen Verhältniss zu den uled Agail, welche bei Tolmetta herum hausen. Diese Art Abhängigkeit, die man bei allen Arabern, ob sie in Marokko oder in Arabien selbst sind, findet, ist mehr ein freiwilliges Verhältniss, basirt auf geistige Oberherrschaft und Ueberlegenheit. So auch hier, die uled Agail sind Marabutin, die Auergehr einfache Araber. Auch bei den Berbern finden wir derartige Verhältnisse.

Die Gegend wurde von nun an noch üppiger, fetter rother Thon erlaubte die herrlichsten Culturen, aber je mehr wir uns Tolmetta näherten, desto enger wurde die Ebene, desto höher aber auch die Berge. Zahlreiche Rinnsale, welche aus den Schluchten des Gebirges kommen, erhöhen den Reiz der Landschaft, so dass man kaum merkt, wie die Zeit vergeht. Ruinen aller Art sind am Wege, Castelle, Spuren von einzelnen Häusern und kleineren Oertern. Dabei sieht man längs den Bergen die Fereg der Auergehr, die Derssa und der Orrfa, und in der Nähe von Tolmetta, die der Agail. Die Vegetation besteht wie immer meist aus Lentisken, doch kommen hie und da auch Johannisbrod- und Lorbeerbäume vor.

Nachdem wir den Brunnen Bu Shiaf, ein Uadi gleichen Namens, dann die Ebene Bu Traba, durch ein Rinnsal von der Ebene Chat getrennt passirt hatten, waren wir vor Tolmetta, nachdem wir vorher noch den ued Bu Mscheif übergangen hatten, welcher sogar etwas Wasser hielt. Ptolemais lag endlich vor uns, eingeschlossen, wie es ist, im S.-W. vom uadi Chambs, im N.-O. vom uadi Shoana, im N.-W. vom Meere, und im S.-O. vom Maigel-Gebirge. Schon lange vorher hatte die bedeutende Stadt sich angekündigt, durch die grossen Steinbrüche, aus denen noch die tiefen Räderspuren der mit Quadern schwerbeladenen Wagen nach der Stadt führen, und deren Wände wie in den Steinbrüchen von Tokra zu Grabnischen verarbeitet, und mit Inschriften bedeckt sind.

Bald darauf zogen wir durch das hohe Westthor von Ptolemais ein, und wollten bei den Ruinen einer christlichen Kirche unsere Zelte aufschlagen, als mehrere Beduinen auf uns losstürzten und sagten, dies sei ihr Terrain, und sie würden nicht leiden, dass wir dort campirten. Da ihr Grund ein triftiger war, nämlich zwischen den Ruinen und in der Nähe überall halbreife Saatfelder standen: so zogen wir weiter nach der See zu, und nahmen für den ersten Tag Quartier in einem Steinbruche, in dem sich früher das Amphitheater befunden hatte. Die Spuren davon liessen sich noch sehr deutlich erkennen, obschon es keineswegs gross gewesen sein kann. Fast ganz in den Fels selbst hineingehauen, waren nur an wenigen Stellen Mauerwerke angebracht, und diese meistens abgefallen. Aber auch von hier wurden wir vertrieben, und zwar aus demselben Grunde, weil überall Kornfelder in der Nähe waren, von denen die Eigenthümer fürchteten, sie möchten von unserem Vieh beschädigt werden. Gern hätte nun der Aduli ganz die Stadt verlassen, um an den Bergen zu lagern, wo allerdings ausgezeichnetes Gras für die Thiere gewesen wäre; ich wollte aber auf alle Fälle in der Stadt selbst bleiben, und zog deshalb nach dem Hafen hinab, wo dicht am Strande und bei den Ruinen eines alten Forts unser Lager eingerichtet wurde.

Ptolemais, das namenlose, erhielt seinen Namen wahrscheinlich vom Philadelphus, nach Anderen von Euergetes. Bis zu der Zeit aber hatte es nur den Titel: Hafen von Barce, wie denn auch Scylax des Ortes nur erwähnt als „Hafen bei Barce". Als diese Stadt in Verfall, und in die Hände der Libyer kam, zogen sich die Bewohner nach Ptolemais, und bald erwuchs dann dieser Ort zu einem der blühendsten in Cyrenaica empor. Mit einem für die damaligen Bedürfnisse ausgezeichneten Hafen versehen, welcher durch die Insel Ilos, dieselbe, welche Ptolemaeus Myrmen nennt, noch besonderen Schutz erhielt, sank Ptolemais erst mit dem allgemeinen Verfall des römischen Reiches, und Hauptursache ihres Unterganges war Wassermangel, da die Gelder zur Unterhaltung der Cisternen und Wasserleitungen fehlten. Wie überall, suchte auch Justinian hier noch ein Mal aufzuhelfen, indem er die Wasserleitungen wieder herstellen liess; Ptolemais erlag dem Andrange der Barbaren so gut, wie die anderen Städte. Indess scheint selbst nach der Invasion der Mohammedaner die Stadt nicht ganz ihre Bedeutung verloren zu haben; nach Edrisi war Tolmetta noch ein sehr fester, mit Steinmauern umgebener Platz, wohl geschützt, und stark von Schiffen besucht. Edrisi berichtet über die Export- und Import-Artikel, und sagt, der Hauptverkehr fände mit Alexandria statt. Auch zu Abu el Fedas Zeit war Tolmetta noch stark bevölkert und besonders von Juden.

Zu unserer Zeit ist Ptolemais oder Tolmetta, wie die heutigen Herren des Bodens, die uled Agail sagen, ganz unbewohnt; nur zur Zeit des Korns haben diese Marabutin ihre Zelte theils zwischen den Ruinen, theils in den Steinbrüchen, und an den Abhängen der Berge. Obgleich ganz frei, und gewiss sehr kriegerisch, scheinen sie doch sehr gutmüthig zu sein, sie halfen uns beim Photographiren, brachten uns Lebensmittel, und obschon sie zahlreich den ganzen Tag um unsere Zelte herumhockten, betrugen sie sich doch anständig. Unwissend schienen sie übrigens im höchsten Grade zu sein; ausser Arabern kannten sie nur Türken, Franzosen und Engländer, und letztere beiden seien dem Sultan tributpflichtig. Die christlichen Consuln in den Städten seien auch Beamte des Sultans, und blos dazu da, um zu überwachen, dass die Pascha und Bei nicht zu viel Geld unterschlügen. Im Uebrigen schienen sie ohne Fanatismus zu sein, selbst eine Sauya der Snussi hatte sich in Tolmetta noch nicht ein Mal etabliren können, hauptsächlich wohl, weil die Agail, als Marabutin, sich für besser hielten, als Snussi, der blosser Schriftgelehrter gewesen war. Keiner erschien indess, der nicht immer mit Flinte und Säbel bewaffnet gewesen wäre, ihre Frauen waren, wie immer auf dem Lande, unverschleiert und hatten vollkommene Freiheit mit uns zu handeln.

Unser zweites Lager war ausgezeichnet hübsch placirt; gerade der Insel Ilos gegenüber, auf der noch jetzt Spuren von Mauerwerk zu erkennen sind, hatten wir hinter uns die ganze Stadt, wie sie sich vom Meere aus allmählich an die Bergabhänge hinaufzog.

Die bedeutendsten Ruinen vom alten Ptolemais, soweit sie offen zu Tage liegen, sind, ausser dem schon erwähnten Amphitheater, eine Kirche aus dem zweiten oder dritten Jahrhundert, vom Westthore aus kommend nach links zu gelegen. Verfolgt man dann die Strasse, die noch heute quer durch die Stadt führt, so stösst man, ungefähr in der Mitte der Stadt, auf eine grosse Cisterne, noch vollkommen gut erhalten. Dieselbe hat 9 Gewölbe, welche von oben Licht und Luft bekommen. Umgeben war diese Cisterne von einer Reihe ionischer Säulen, die auf einem 4' hohen Unterbau ruhten, nur drei von diesen Säulen sind noch erhalten. Dicht dabei südlich, sieht man die Umrisse eines kleinen Theaters. Etwas weiter nach Osten zu, sieht man viele Säulen mit korinthischen Capitälern auf dem Boden liegen, und Barth vermuthet, dass hier die Königshalle, στοὰ βασίλειος, gewesen sei, welche Synesius als Gerichtshalle erwähnt. Ein aus der Cisterne nach Norden führender Aquaeduct leitet zu einem grossen Bade, von dem zwei Gewölbe noch vollkommen gut erhalten sind. Ein anderes kleineres Theater liegt auf dem Wege zwischen Cisterne und Bad; ist aber ebenso verfallen wie die übrigen, so dass blos aus den halbmondförmigen Umrissen die einstige Bestimmung zu erkennen ist. Am bemerkenswerthesten ist weiter nach Osten zu ein grosses massives Gebäude, was jedenfalls wohl zur Zeit der Römerherrschaft als Caserne diente. Die Inschriften, welche sich früher an der Nordwand dieses Gebäudes befanden, und die nach Frankreich gebracht, von Latonne ergänzt worden sind, enthielten Vorschriften von Anastasius I., die Verwaltung und militairische Einrichtung betreffend. Wie gut einst die Stadt mit Wasser versehen war, beweisen die anderen Cisternen, welche noch in Ptolemais zu finden sind. Eine davon, sehr bedeutend und zu unserer Zeit noch mit Wasser gefüllt, befindet sich im nordwestlichen Stadttheil. Ueberhaupt bestätigen die zahlreichen Säulen, die man überall herumliegen sieht, sowie die vielen Grundmauern aus Quadersteinen, dass das Urtheil der Alten, welche die Stadt als gross und ausgezeichnet schildern, keineswegs übertrieben ist. Der Hafen wird durch eine Felsspitze gebildet, die vom westlichen Ende der Stadt ins Meer geht, die Insel Ilos giebt Schutz nach Norden. Vielleicht war auch an der Westseite der Spitze ein Ankerplatz, denn circa 3000' westlich von dieser läuft noch eine andere Felsspitze ins Meer, und zwischen beiden scheint ein Quai gewesen zu sein, freilich ausserhalb der Stadt.

Nach Osten zu, durch den Suana-Fluss begrenzt, von dem die Stadt ausserdem durch eine Mauer getrennt war, finden wir hier noch die Reste einer Quaderbrücke. Zwar ist dieselbe für Fussgänger noch zu passiren; aber doch so zerfallen, dass Fuhrwerke sie nicht mehr benutzen können. Aber das Suana-Thal ist eines der lieblichsten, weshalb ich denn auch eine Photographie davon aufnahm. Neugierige Araber standen staunend um die Maschine, von der sie alle Augenblicke erwarteten, dass irgend eine Explosion daraus hervorgehen müsse, aber auch diese, obschon sie sehr misstrauisch schienen, störten keineswegs unsere Arbeiten. Es scheint, dass sowohl die Regenwasser des ued Suana, als die des uadi Chambs hauptsächlich dazu dienten, die Cisternen zu speisen, ausserdem finden sich Reservoirs am Abhange des Maigel-Berges, welche zu gleichem Zwecke die Wasser auffangen mussten, um sie den grossen Cisternen in der Stadt zuzuführen.

Das Gebirge tritt hier nun dicht an die Stadt, und hat, obschon von Schluchten durchbrochen, fast überall gleiche Höhe; um dieselbe zu messen, bestieg ich den südwestlich vom Maigel-Berg belegenen Chambs-Berg, welcher mir der höchste von allen schien. Dicht mit Juniperen und Lentisken bewachsen, fast undurchdringlich wegen des vielen dornigen Untergestrüpps, war der Aufgang sehr beschwerlich. Das Gestein des Berges besteht durchweg, wie in ganz Cyrenaica aus Kalk, während am Meeresstrande die Hügel, welche zum Theil auch als Grabkammern oder Steinbrüche benutzt sind, grobkörniger Sandstein ist. Aus diesem Grunde findet man in Teucheira und Ptolemais auch so viele Bauten aus Sandstein. Die Höhe des Berges fand ich zu 320 Meter, alle anderen nächsten waren etwas niedriger.

Die Gräber von Ptolemais erstrecken sich westlich und östlich von der Stadt, und hat man auch hier hauptsächlich die steilen Wände der Steinbrüche benutzt, um in diesen Grabkammern und Grabnischen anzubringen. Wie in Teucheira, sind sie ohne Kunst gearbeitet; man findet aber auch hier zahlreiche jedoch nichtssagende Inschriften. In einem Steinbruche, gleich westlich von der Stadt, findet man indess drei durch Kunst ausgezeichnet gearbeitete Gräber; man hat nämlich in der Mitte drei Felsblöcke stehen gelassen und diese zu Einem grossen Grabe mit verschiedenen Kammern verarbeitet. In Teucheira findet man auch solch einen Grab-Felsblock, und lebhaft erinnerten mich diese isolirten verarbeiteten Steinblöcke an die eigenthümlichen Kirchen von Lalibala in Abessinien, welche einer ähnlichen

Arbeit ihren Ursprung verdanken. Der mittelste dieser Felsblöcke nun ist ausserdem von einem monumentalen Bau in römisch dorischem Stile erbaut, und viereckig von Gestalt, hat derselbe im Innern drei Abtheilungen, von denen die seitlichen bis obenhin zu Grabkammern dienten, während die mittlere zugleich als Eingang benutzt wurde; im Sous-Terrain aber auch Leichen aufnehmen konnte. Eine kleine Inschrift, die Barth an der Nordseite gesehen haben will, konnte ich nicht mehr entdecken. Das ganze Grab ist überhaupt in sehr zerfallenem Zustande, und rundherum mit mächtigen herabgestürzten und herabgefallenen Quadern umgeben. Einige Reisende, unter anderen della Cella, haben dies Grabmal einem Ptolemäer zuschreiben wollen, ohne indess Gründe für diese Behauptung bringen zu können.

Das immer schlechter werdende Wetter hatte uns wieder vom Hafen vertrieben, da kein Zelt dem Sturmregen Widerstand zu leisten vermochte, und wir hatten uns in den eben beschriebenen Steinbruch mit den drei Gräbern geflüchtet. Einen dieser Grabblöcke fanden wir, da er wahrscheinlich lange nicht als Wohnung war benutzt worden, ohne Ungeziefer, und flüchteten uns hinein. Die Eingebornen hatten ebenfalls mit ihren flachen Zelten sich in die Steinbrüche geflüchtet, so dass hier nun auf einmal trotz des noch immer anhaltenden Regens ein reges Leben und Treiben herrschte. Nachts indess tobte der Sturm mit solcher Wuth, dass selbst unser Felsgrab erschüttert schien; endlich aber brach ein besserer Morgen an. Wir machten nun sogleich Anstalt zum Aufbruch, aber ehe Aduli, der überall mit den Eingebornen handelte, fertig wurde, verging geraume Zeit. In der That schien Aduli nur eine Handelsreise zu machen, hier verkaufte er Schuhe, dort Cattunstoffe, hier Gewürze, dort Zucker, welches er alles zollfrei aus der Stadt herausgebracht hatte, und dafür tauschte er Honig, Butter, Felle und Korn ein, und hoffte dies auf gleiche Weise ohne Abgaben in die Stadt zurückzubringen. Dazu hatte er immer eine ganze Schaar von Leuten, welche, wie er, auf meine Kosten lebte, und da, mit Ausnahme meines deutschen Dieners und eines von Tripolis mitgebrachten Negers, Namens Bu-Bekr, alle meine anderen Diener unnütze Subjecte waren, konnte ich nichts machen.

Endlich hatte der Aduli seinen Markt geschlossen, und um 9 Uhr Morgens verliessen wir unsere Grabwohnung, und schlugen denselben Weg ein, den früher Barth genommen hatte, um aufs Hochland zu kommen. Im Anfange südöstlich haltend, um ans Schaba-Thal zu kommen, mittelst welches wir den Aufsteig machen wollten, waren wir bald darin engagirt. Das Schaba-Thal ist sehr eng, vielfach gewunden und nur circa eine Kameelstunde lang; jedoch kann es ohne grosse Schwierigkeit zu jeder Jahreszeit benutzt werden, was nach Regengüssen, wo der rothe Thon schlüpfrig und glatt wird, für Karawanen von besonderer Wichtigkeit ist. Die Bergwände, obschon steil, sind ausgezeichnet bewachsen, verwilderte Olivenbäume, Karuben und

Lentisken bilden hier den hauptsächlichsten Baumwuchs. Das Thal ist jedoch so eng, dass es keine Siedelung erlaubt; selbst Hirten scheinen sich nicht darin aufzuhalten. Oben angekommen, hat man die erste Stufe erreicht, circa 300 Meter hoch. Diese Ebene ist nur circa 1½ Stunden breit, hat auch herrlichen rothen Thonboden, ist aber ebenso vernachlässigt, wie das ganze andere Land. Wir hielten durch die erste Stufe Ost-Richtung, ebenso durch die zweite, welche eine Höhe von 340 Meter hat und durchschnittlich vier Stunden breit ist. Diese Terrassen streichen hier von N.-O. nach S.-W. Die zweite wird im Osten von einem Gebirgszuge abgegrenzt, der gleichfalls von N.-O. nach S.-W. streicht, und dessen höchste Punkte im Norden im Dj. Dendach, und südwestlich von ihm dem Dj. Saffuat el Merdj sich uns präsentiren. Am Fusse des letzteren liegt ein grosser See, circa 2½ Stunde lang und 1 Stunde breit mit Süsswasser, Moaudj genannt. Kleinere Tümpel und Seen findet man auf dieser ganzen Stufe, welche keinen Abfluss zu haben scheinen. Das Erdreich ist auch hier fetter rother Thonboden, und die grössere Vegetation hauptsächlich Wachholder und Arbuten. Blumen in prächtigen Farben und unvergleichlicher Fülle bedecken in dieser Jahreszeit den Boden, und geben den unzähligen wilden Bienenschwärmen, die mit ihrem Summen die Luft erfüllen, die süsse Nahrung. Aber schlecht bevölkert, wie das ganze Land, findet man nur hie und da einen Fereg der Auama, Genossen der uled Brassa oder der Abid, Genossen der Auergehr.

Als wir um 12½ Uhr diese Stufe betraten, und in östl. Richt. durchzogen, hatten wir um 2½ Uhr eine kleine Kubba, die des Sidi Said von den Agail zur Seite, aber trotz dieses Wahrzeichens erklärte nun der Aduli, den Weg nicht zu wissen, und ritt abseits, um aus irgend einem Fareg einen Wegweiser zu holen. Er kam denn auch bald zurück, aber statt eines Mannes brachte er drei Leute, so dass unsere ohne das schon mit unnützen Leuten reiche Karawane noch drei andere dazu bekam; er versteht sich von selbst, dass ich auch diese zahlen und beköstigen musste, aber gerade dadurch machte sich der Aduli beliebt bei den Triben, indem er ihnen auf Kosten seiner Reisenden dergleichen Verdienste zukommen liess. Wie mag er den armen Denys, welcher der Sprache gar nicht mächtig war, geplündert haben! Durch einen dichten, aber nicht hohen Wachholderwald dahinziehend, einreichten wir um 4 Uhr Nachmittags Mrsihd, eine alte Ruine eines früheren römischen Wartthurms, und wie alle Bauten dieser Art ein aus Quadern aufgeführtes Viereck. Dass aber auch noch andere Ansiedelungen hier waren, geht aus den zahlreichen Grabkammern in der Nähe hervor, welche überall in die Felsen gearbeitet waren. Auch vorher hatten wir schon ein Ruinenfeld passirt, doch konnten meine Leute mir den Namen desselben nicht nennen. Auf den Wartthurm öffuet sich ein von N.-O. kommendes Thal, und etwas nach thalaufwärts gehend, campirten wir dann in demselben. Trotzdem wir nun schon recht hoch waren, hatten wir doch eine recht warme Nacht, da der Himmel ganz bedeckt war, und noch lange sass ich Abends an einem grossen

Feuer jenes duftenden Wachholderholzes, welches die Alten schon so hoch schätzten, und das auch auf dem grossen Atlas und in Abessinien und im Gora-Gebirge vorkommt.

Früh 7 Uhr zogen wir am anderen Morgen das Mrsihd-Thal vollends hinauf, und erreichten nach 40 Minuten den Höhepunkt desselben, wo das Aneroid uns die Höhe von 1260 Fuss zeigte; somit waren wir zwar nun auf dem Plateau angekommen, aber noch keineswegs auf dem höchsten Punkte. Uebrigens muss man sich das Hochland auch keineswegs durchweg eben vorstellen; sondern als ein Gewirr von Thälern und Bergen, welche aber alle über 1200' hoch ihren niedrigsten Punkt haben. Die Vegetation, obschon dieselbe hier später ist, bleibt im Ganzen noch dieselbe, Juniperen, Oelbäume, Caruben und Lentisken, dann erstaunlich viel Rosmarin, welche den Bienen den so sehr gerühmten aromatischen Beigeschmack zum Honig liefern; aber alle diese Pflanzen finden sich auch an den Abhängen der Berge.

Wenn aber am Tage vorher das Land überreich an Sümpfen und Tümpeln war, so fehlten diese hier nun gänzlich, und merklich litt die Ueppigkeit der Vegetation darunter. Einige Thäler hatten trotzdem die kräftigsten Oelbäume, nicht etwa wilde, selbst nicht einmal verwilderte waren sie zu nennen, denn sie hingen gerade jetzt voll der besten Oliven, die Niemand zu sammeln kam. Es ist wohl kaum zu zweifeln bei dem hohen Alter, welches der Oelbaum erreichen kann, dass diese Pflanzungen noch von den Alten herrührten. Manchmal sollen indess doch von den Küstenbewohnern einige herauf kommen, um die Oliven zu sammeln; dies Jahr schien noch Niemand gekommen zu sein.

Den ganzen Tag, obgleich wir mit geringer Unterbrechung bis 5¼ Uhr Abends marschirt waren, sahen wir kein einziges Zeichen von Bevölkerung, das heisst Zelte oder Häuser, nur zwei kleine Ziegenheerden will ich ausnehmen, die unweit von uns am Wege weideten, und bei unserer Annäherung eilig ins Dickicht getrieben wurden. Auch der Anbau von Korn war so spärlich und vereinzelt, dass man die kleinen Felder hätte zählen können. Trotzdem überall der fetteste und beste Boden war, der nur auf die Hand des Menschen zu warten schien, um hundertfach das zurückzugeben, was man ihm anvertraut hätte, war alles eine Wildniss. Als neu wurde mir nun zum ersten Male die Drias-Pflanze (von allen Reisenden für Sylphium gehalten) gezeigt, von der wir unten noch weiter zu reden haben werden. Dann fiel mir die Menge der Maulwurfshaufen auf, die sonst in Tripolitanien nicht vorkommen. Die Araber nennen den Maulwurf hier mit den bezeichnenden Namen Buamian, Vater der Blinden. Wild war nur spärlich vorhanden, es scheint als ob selbst die Thiere dies nur von Todten bewohnte Land meiden.

Während wir im Mrsihd-Thal Ostrichtung verfolgt hatten, zogen wir, oben angekommen, nördlich in einer Mulde weiter, die den Namen Rharheb führt, und wo wir um 9 Uhr einen Marabut gleichen Namens (Kubba) passirten. Etwas weiter läuft dann die von S.-O. von Merdj kommende Heerstrasse ein, dieselbe, welche vor 1000 Jahren Griechen und Römer benutzten. Nachdem um 9 Uhr 20 Minuten ein anderer Pass überschritten war, kamen wir in das Biada-Thal, indem wir die tiefeingeschnittenen Wagenspuren der Alten verfolgten. Um 11¾ hatten wir, N.-N.-O. haltend, den Dj Hoaisch zur Linken, und gleich darauf die Ruinen des Gasr el Rih. Um 12 Uhr 20 Minuten kreuzten wir den von Teknis kommenden, nach der Küste führenden Karawanenweg, und den Pass von Rih überschreitend, gingen wir nordwärts durchs Schami-Thal weiter. Von 1 Uhr an wieder N.-N.-O. haltend, überstiegen wir um 2 Uhr einen Pass, der uns ins Scharaya-Thal führte, welches eine Stunde lang mittelst eines anderen Passes ins Mrair-Thal übergeht. Um 3¼ kreuzten wir einen zweiten, von Djerdjerum an der Küste nach Merauan ins Innere führenden Weg, und kamen dann ins Thal Ibrahim, von dem aus wir links den Berg Schan-o-Gasserein liegen liessen. Das uadi Ibrahim öffnet sich aufs Magade-Thal, wo wir um 5 Uhr Abends, in der Nähe von Wassertümpeln lagerten, nachdem wir den ganzen Tag fast ohne Wasser gewesen waren.

Nachts hatten wir, trotzdem es am Tage sehr kalt gewesen war, ein starkes Gewitter mit Regen, und zogen am anderen Morgen um 7 Uhr durchnässt in N.-N.-O. Richtung weiter, welches überhaupt, die vielen Biegungen abgerechnet, unsere Hauptrichtung blieb. Wir waren nun über 550 Meter hoch auf dem Beida-Berge, alle anderen Berge scheinen ziemlich gleiche Höhe zu haben, und die Thäler senken sich bis auf relativ c. 150 Meter. Als neue Pflanzen treten hier der Lauristinus auf, jetzt gerade in voller Blüthe, und in prächtigen Exemplaren bis 20' Höhe vorhanden, dann einzelne Exemplare von der Steineiche. Nachdem wir noch das Thal Sgenniet und dann den Berg Mcheilil passirt hatten, sahen wir Gasr Bengedem vor uns. Auf dem Mcheilil-Berg fanden wir die Ueberreste eines alten Sarazenenschlosses. Dieser ganze Weg nach Bengedem dauerte nur 3½ Stunde, aber auch hier begegnete uns kein Mensch, und das einzige Zeichen von Bevölkerung war die Sauya der Snussi, Bu Toda genannt, die wir vom Lj. Beida in geringer Nordrichtung c. 2 Stunden entfernt liegen sahen.

Obschon wir nur einen kleinen Marsch gemacht hatten, blieben wir doch bei Gasr Bengedem liegen, um zu photographiren, und diese ganze Gegend näher in Augenschein zu nehmen.

Das Gasr Bengedem oder Benegedem stammt offenbar aus der Römerzeit, und hörte mit zu jener Vertheidigungslinie, welche dieselben gezogen hatten, um die Colonie vor den Einfällen der Nomaden zu sichern. Bengedem war gewiss eines der bedeutendsten Forts, wenn nicht das grösste von denen, welche die Vertheidigungslinie bildeten. 80 Schritte lang und 40 Schritte breit, haben die beiden Längsseiten viereckige flankirende Thürme. An manchen Stellen erreichen die gut erhaltenen Wände noch die Höhe von 40'. Aus grossen behauenen Quadern aufgeführt, ohne Mörtel, haben die Aussenwände, soweit dieselben nicht absichtlich zerstört worden sind, nicht im Mindesten von der Witterung gelitten. Im Innern führt eine Treppe auf die Mauer, welche oben dünner, ringsum vertheidigt werden konnte. Spuren eines Aussenwalls ziehen sich rings um das Castell, und erhöhten so die ursprüngliche Festigkeit desselben. Die bedeutenden Ruinen in der Umgegend von einzelnen Häusern deuten an, dass hier eine Hauptniederlassung war, und Pacho könnte Barth gegenüber doch wohl Recht haben, indem er hier Balakrai vermuthet. Die Entfernung von Cyrene, die Pentinger auf 12 M., und die nach Ptolemais, die Ptolemaeus auf 15 M. angiebt, würde ungefähr stimmen. Eine grosse Menge von Höhlen, theils natürliche, theils künstliche, ausser vielen aus späterer Zeit herrührenden Grabkammern, beweisen, dass selbst in vorgriechischer Zeit hier libysche Völker eine Niederlassung gehabt haben müssen, denn viele der Höhlen haben ganz und gar die Einrichtung von Wohnungen.

Die Eingeborenen vom Stamme der Brassa, mit denen der Aduli gleich wieder Handelsverbindungen angeknüpft hatte, waren sehr zudringlich. Ihr Fereg hatten sie in einiger Entfernung vom Gasr, und den ganzen Tag thaten sie nichts, als um uns herumhocken und um Essen betteln. Wir hatten deshalb auch Nachts eine verstärkte Wache nöthig, um uns vor Dieberéien zu hüten, wie denn überhaupt immer Nachts gewacht wurde.

Den folgenden Morgen stiegen wir in nördlicher Richtung vom Berge des Gasr Bengedem hinab, und kamen nach einer Stunde ins Thal Saharis. Von O.-N.-O. erhält dies Thal nun das bedeutende Kuf-Thal, und in dies münden von O. das uadi Djras und das uadi Bu Heisa, welches letztere von Safsaf und Ain Schehad (Cyrene) kommen soll. Das Kuf-Thal ist eines der wildesten und romantischsten, die man sich denken kann: steile, oft senkrechte, fünfhundert Fuss hohe Kalksteinwände, überall mit ungeheuren Höhlen, die oft am Fusse der Wände, oft in der Mitte, oft fast oben am Rande sich zeigen, machen einem glauben, man sei in der Teufelsschlucht. Jedenfalls waren diese Höhlungen meist alle bewohnt, und einige sind es noch jetzt zur Zeit der Honigernte; denn an diesen steilen Wänden haben die Bienen ihre Bauten. Viele Höhlen, oft hundert Fuss hoch über der Thalsohle, sind durch Aussengänge mit einander verbunden, und scheinen so ganzen Stämmen als Wohnplatz gedient zu haben. Ausserdem findet man die herrlichsten Tropfsteinhöhlen, von denen die von den Eingebornen Rhorhardieh genannte, die grösste und schönste ist. Die üppigste, immer grüne Vegetation von Lentisken, Myrthen, Caruben und Wachholder, ferner die jetzt massenweise auftretende Steineiche machen dies Thal mit seinem wilden Charakter zu einem der schönsten, wie man es nur vielleicht in den Pyrenäen, in Calabrien, im grossen Atlas ähnlich findet. Aber wie immer fehlt alles menschliche Leben; in der That haben wir, die grosse Sahara ausgenommen, kein Land gesehen, das so dünnbevölkert ist, und doch ist der Boden so reich und ergiebig wie eine jungfräuliche Erde eben sein kann. Am Boden des Thales finden wir dann noch einen fast undurchdringlichen Wald von mastbaumhohen Thuya-Bäumen, aber Niemand ist jetzt da, um sie zu fällen und zu verwerthen.

Dass dieser Weg unserer Gofla grosse Schwierigkeit machte, braucht wohl kaum gesagt zu werden. Das Kameel, obschon es wegen seiner breiten Fusssohlen auch in den Bergen sicher geht, liebt freie Gegenden, und hier waren wir in einem wirklichen Urwalde; da waren Baumstämme, die das Alter oder der Wind umgeworfen hatte, zu umgehen, vom Wasser glatt gewaschene Felsplatten zu übersteigen, und oft war das Gebüsch so niedrig und dick, dass die beladenen Kameele mit Gewalt durchgeschoben werden mussten.

Froh waren wir, als wir um 10 Uhr die Passhöhe erreichten, und von nun an auf einem Bergrücken blieben. Bald darauf hatten wir die Kubba des Marabuts Abd el Uahed vor uns, auch von alten Ruinen, jedoch ohne Bedeutung, umgeben. Von hier an waren nun Ruinen unsere steten Begleiter, und eine tief in Fels eingeschnittene alte Fahrstrasse, rechts und links von Hunderten von Sarkophagen bordirt, führte uns auf die Hauptstadt vom alten Pentapolitanien zu. Aber eigenthümlich, ohne Menschen zu sehen, ohne Wohnungen anzutreffen; sollte man nicht glauben, im Lande der Todten zu sein? Auf Schritt und Tritt Todtengrüfte, Grabnischen, hier die Tausende von Sarkophagen, die ungeheuren Necropolen, gegen die die eigentlichen Städteruinen verschwindend klein sind, lassen wirklich den Gedanken, im Reiche der Todten zu sein, aufkommen.

Gegen Mittag erreichten wir die Ruinen, welche die Eingebornen unter dem Namen uadi Amer bezeichnen, und die mehrere Stunden weit sich nach N.-O. hin ausdehnen, und bei einem Orte Beludj enden. Barth verlegt hieher Balakrai, und meint auch, dass eine der zwanzig von Ptolemaeus erwähnten Städte, vielleicht Eraga, hier zu suchen sei. Beludj erreichten wir um 2 Uhr 40 Minuten, und immer auf einem Bergrücken weiter ziehend, liessen wir dann die Sauya beida (Jaura Sidi Schenut nach Barth, was wohl Sauya Sidi Snussi heissen soll) links liegen, und kamen um 4 Uhr bei dem weissen Dome des Marabut Sidi Raffa, an, welcher ebenfalls von vielen Ruinen umgeben ist. Eine halbe Stunde später hatten wir den höchsten Punkt des Bergrückens mit 620 Meter erreicht. Etwas später hatten wir von hier eine weite Aussicht aufs Meer durch eine breite nach Norden zu sich öffnende Thalschlucht, Shissu genannt, und dann campirten wir um 5 Uhr auf gleicher Höhe mit der Schlucht bei Djenin, wo wir eine fliessende Quelle fanden. Auch hier fanden wir Spuren früherer Ansiedelungen; grosse künstliche Höhlen umgeben die Quelle nach Osten, und in und bei derselben waren Mauerarbeiten, welche wohl einst den Abfluss des Wassers zur Befruchtung der Felder regulirt hatten.

Nachts war auf dieser Höhe die Kälte so gross, dass wir am anderen Morgen die Zelte weiss bereift fanden, und die Mündungen der Wasserschläuche hart gefroren waren. Das Thermometer zeigte vor Sonnenaufgang -1°.

Von hier bis Cyrene sind nur noch 2 Stunden. Wir lassen rechts den Hügel Ras el Trabe liegen, welcher bekannt ist als Grenze zwischen den Brassa und Hassa, welche letztere von hier nach N.-O. hin nomadisiren. Die Ebene Ambsa, mit dem Grabe des Marabut Bel Kassem, brachte uns dann vor die Ruinen der Stadt, welche wir um 10 Uhr beim Hügel Mgatter betraten.

Cyrene.

Durchs Ostthor zogen wir in die Stadt ein, verfolgten die Battus-Strasse bis an den Punkt, wo sich die Aussicht aufs Meer öffnet, und nahmen dann unser Quartier in einer der Kammern, welche im Felsen ausgearbeitet sind, und auch früher wohl als Wohnungen dienten. Die Apolloquelle war auch in unserer Nähe, und diese ist es, welche heute der ganzen Oertlichkeit den Namen giebt; die Araber nennen sie ain Schehad. Keineswegs ist damit gesagt, dass die heutigen Bewohner und die der Umgegend gänzlich den Namen „Cyrene" verloren hätten, derselbe findet sich wieder in der Quelle im uadi bel Ghadir, welche viele Aehnlichkeit mit der Apolloquelle hat, und fast ebenso mächtig ist; dieselbe heisst ain Krennah.

Cyrene wurde sowohl unter den Ptolemäern als die Hauptstadt der fünf Städte: Cyrene, Barca, Teucheira, Hesperis und Apollonia angesehen, als auch unter den Römern, welche das ganze Land unter dem Namen Cyrenaica zusammenfassten.

Von dorischen Colonisten von der Insel Thera unter Battus im Jahre 631[21] v. Chr. gegründet, wuchs Cyrene bald zur wichtigsten Colonie der Griechen an der Nordküste von Afrika heran. Battus führte auf Befehl des delphischen Orakels zuerst seine Laudsleute nach Plataea (dem heutigen Bomba); musste aber aus Mangel an Nahrungsmitteln diese Insel nach zwei Jahren, und nachdem ein anderes Mal das Orakel war consultirt worden, verlassen, und siedelte nun nach dem festen Lande Libyens, nach dem wohlbewaldeten Asiris über. Aber auch hier blieben sie nur sechs Jahre, da nach Ablauf dieser Zeit, eingeborne Libyer sie nach dem Orte der Apolloquelle führten, wo dann bestimmt die Stadt gegründet wurde.

Es scheint, dass die neuen Ankömmlinge sich im Anfange mit den Libyern, und hier waren es vorzugsweise die Asbysten, gut vertrugen; sogar Heirathen mit Libyschen Frauen wurden eingegangen; eingeborne Libyer jedoch waren von den öffentlichen Aemtern ausgeschlossen. Mit Battus I. bekam Cyrene den ersten König, und blieb unter dieser Regierungsform circa 200 Jahre, in welcher Zeit acht Könige regierten. Besonders zeichnete sich aus nach dem ersten, welcher später als Heros verehrt wurde, der dritte König, Battus II. Unter ihm kamen zahlreiche Zuzüge aus Griechenland: hiedurch wurden jedoch die Libyer beeinträchtigt, und ihr König Adikran rief den ägyptischen König Apries zu Hülfe. Bei Thestis in der Gegend von Irasa kann es 570 zur Schlacht, und die Aegypter und Libyer wurden vollkommen besiegt. Sein Nachfolger Arkesilaos II., mit dem Beinamen der Böse, hatte nur Unglück. Mit seinen Brüdern in Streit, gingen diese Barca gründen, und verbanden sich mit dem libyschen Könige gegen Arkesilaos II. Dieser schlug anfangs die Libyer bei Leucon oder Leucoë in Marmarica; wurde dann aber in einen

Hinterhalt gelockt und verlor 7000 seiner Leute. Sein Bruder Learchos tödtete ihn dann, wurde aber selbst wieder von Eryxo, der Wittwe des Arkesilaos, umgebracht. Unter seinem Sohne, der als Battus III. folgte, schickten die Cyrener nach Delphi und baten um neue Gesetze. Demonan, der Mantineer, kam zu ihnen, und beschränkte besonders die königliche Gewalt. Dessen Sohn Arkesilaos III. wollte jedoch die königliche Gewalt zurück haben, und wurde darin von seiner Mutter Pheretime unterstützt; geschlagen, floh er nach Samos, und kam dann mit einem bedeutenden Heere nach Cyrene zurück. Wieder geschlagen, floh er nach Barca, und wurde von den Bewohnern dieser Stadt getödtet. Seine Mutter floh zum persischen Statthalter Argandes in Aegypten, welcher ihr zu Hülfe kam, und nach neunmonatlicher Belagerung Barca einnahm. Der Sohn von Pheretime, Battus IV., der Schöne genannt, folgte, und nach ihm kam der letzte König Arkesilaos IV., dessen Siege in den pythischen Spielen Pindar besingt, auf den Thron. Höchst wahrscheinlich wurde unter ihm Hesperis gegründet. Da er zu despotisch regierte, so wurde er etwa um 440 gestürzt, und der königlichen Herrschaft damit ein Ende gemacht. Sein Sohn Battus, der nach Hesperis floh, wurde dort ermordet, und sein Kopf ins Meer geworfen.

Unter der republikanischen Regierungsform erlebte Cyrene die höchste Blüthe und den grössten Wohlstand, obwohl es an inneren Zerwürfnissen nicht fehlte. So treten verschiedene Tyrannen auf, unter anderen Ariston und Nikokrates, um sich der höchsten Gewalt zu bemächtigen. Um alle inneren Streitigkeiten durch eine gute Gesetzgebung zu ebenen, wandten sich die Bewohner Cyrenes an Plato, und baten um Gesetze. Plato lehnte jedoch ab, ihr Gesetzgeber zu werden, weil es ihnen zu gut gehe: „Kein Mensch sei schwieriger zu beherrschen, als der, welcher sich einbilde, es ginge ihm gut, und Niemand sei leichter geneigt sich leiten zu lassen, als der vom Schicksal gebeugte." Alexander dem Grossen, als er Zeus Ammon besuchte, unterwarfen sie sich freiwillig und schickten ihm kostbare Geschenke. Nach seinem Tode, durch neue innere Streitigkeiten entzweit, wurden sie durch Ptolemaeus, dem Sohne des Lagos, Aegypten unterworfen, im Jahre 321 v. Chr., und das Land wurde nun nach den fünf Hauptstädten Pentapolitanien genannt. Apion, Sohn von Ptolemaeus Physon, überliess dann mittelst Testament das Land an die Römer im Jahre 96, und im Jahre 67 wurde es mit Kreta zusammen zu einer Provinz formirt. Unter Constantin wurden sie getrennt, und Cyrenaica als eigne Provinz unter dem Namen Libya superior eingerichtet.

Als unter Trajans Regierung die Juden den grossen Aufstand machten, und 200,000 Römer und Cyrenaeer ermordeten, fing der Verfall Cyrenes an. Das römische Reich vermochte den wiederholten Einfällen der Barbaren keinen Widerstand entgegenzusetzen; dazu kamen Heuschrecken, Pest und Erdbeben, welche Leiden im fünften Jahrhundert von Bischof Sinesius beklagt wurden. 616 vernichtete dann der Perser Chosroes die schwache griechische Colonie der Art, dass die Araber, als sie 647 in Cyrenaica einfielen, kaum noch Widerstand fanden. Wie alle Länder, welche unter die Herrschaft des Islam kamen, fiel auch Cyrenaica unter den Arabern in einen vollkommenen Barbarismus zurück, und das Land wurde, vollkommen vernachlässigt, bald zu einer Wildniss. Seine neuere Geschichte ist denn eng mit der von Tripolis verknüpft, und als dies 1835 ein türkisches Paschalik wurde, fiel auch Cyrenaica unter die Herrschaft der Pforte, und wird jetzt als Kaimmakamlik unter dem Namen Barca zu Tripolitanien gerechnet.

Wie hoch einst Wissenschaft und Kunst in Cyrene blühten, geht aus der Zahl bedeutender Männer, welche diese Stadt hervorbrachte, hervor: wir nennen nur Aristippus, den Gründer einer eigenen philosophischen Schule, sowie Cameades, ebenfalls Weltweiser, dann den Astronomen Eratosthenes, der sich besonders durch geographische Werke auszeichnete, und als Director der Bibliothek von Alexandrien starb. Endlich der Dichter Kallimachos, welcher von den Battiaden abstammte, und dann der berühmte Bischof von Ptolemais, der Redner und Schriftsteller Synesius.

Vor allem war uns jetzt daran gelegen, die Stadt selbst und die Necropolis kennen zu lernen, und die Hauptpunkte und Denkmäler zu fixiren für die Photographien.

Auf zwei Bergen gelegen, die nach Nordwesten hin abfallen, wird Cyrene mittelst eines Radius, welcher den Namen der Battus-Strasse hat, in zwei Theile getheilt. Nach allen Seiten hin von grossen Gräberstädten umgeben, ist zum Theil die Mauer, welche die eigentliche Stadt umgab, noch gut erhalten, und namentlich an der ganzen Südseite und im Osten bei einer durchschnittlichen Höhe von 4–5' und Breite von 6' ganz deutlich zu verfolgen. Betritt man von Osten die Stadt mittelst der Hauptstrasse, welche von Barca herführt, so hat man gleich rechts vom Thore die unordentlich durcheinandergeschmissenen Steinhaufen einer Kirche, dass es eine solche war, geht aus der Anordnung der noch vorhandenen Grundmauern hervor, obschon merkwürdigerweise der Altar nach Westen gestanden zu haben scheint, oder aber zwei Hauptaltäre, einer im Osten und einer im Westen, vorhanden gewesen sein müssen. Verschiedene Spitzbögen, welche noch stehen, lassen erkennen, wie hoch der Schutt hier liegen muss, da eben nur die obersten Spitzen der Bogen herausgucken.

Wenden wir uns dann rechts zur östlichen Hälfte der Stadt, so stossen wir zuerst aufs Hippodrom, welches, die Rundung nach Süden habend, in gerader nördlicher Richtung erbaut ist. Die Sitze sind noch sehr gut erhalten, aber alles ist überwachsen, und in der Rennbahn selbst ist die Spina kaum zu erkennen, da der ganze innere Raum als Acker benutzt wird. Die Länge des Hippodroms beträgt heute circa 300 Schritte, die Breite circa 60 Schritte.

Gleich westlich vom Hippodrom finden wir auf dem höchsten Punkte dieses Stadttheiles die Ruinen eines Tempels, der offenbar der ältesten Zeit angehört. Aus colossalen Steinen erbaut, haben die jetzigen Reste eine Länge von fast 90 Schritt auf 30 Schritt Breite. Von Westen nach Osten gelegen, hat der Tempel, wie durch die Nachgrabungen von Porcher und Smith jetzt zu Tage liegt, 17 Säulen auf der Längsseite und 8 Säulen auf der Breitseite, so dass 36 Säulen den Peristyl bilden. Durch zwei Säulen und zwei Mauervorsprünge kommt man von Osten in den Pronaos, der von der Cella durch zwei Mauervorsprünge, welche die Thür bilden, geschieden wird. An den Längsseiten in der Cella findet man je zehn Piedestale, welche korinthische Säulen tragen, ganz östlich im Hintergrunde ist ein grosser cubischer Marmorblock, der wahrscheinlich die Bildsäule trug. Der Agisthodom ist von der Cella vollkommen durch eine Mauer geschieden, und ist nach Osten durch keine Mauervorsprünge, aber durch drei Säulen begrenzt. Die Säulen des Säulenganges haben wenigstens 6' Durchmesser gehabt, sind aber stark verwittert. Die Quadern des eigentlichen Tempelbaues sind colossal; es giebt Steine von 20 Schritt Länge und 8 Schritt Breite. Smith und Porcher, die hier die sorgfältigsten Ausgrabungen machten, fanden nichts, woraus man auf den Eigenthümer des Tempels hätte schliessen können. Der Eingang befindet sich, wie in allen Tempeln in Cyrene, auf der östlichen Hälfte. Wenn Barth hier auf der östlichen Hälfte Cyrenes die Acropolis vermuthete, so schloss er dies wohl nur aus den colossalen Quadern; wie wir aber später sehen werden, befand sich diese auf der westlichen Stadthälfte.

Ungefähr 300 Schritte nördlich von diesem Tempel finden wir die Ruinen eines anderen, etwas kleineren Tempels, welcher auf der höchsten Spitze dieses Stadttheiles erbaut war. Auch von Osten nach Westen erbaut und aus Pronaes und Cella bestehend, ist derselbe so vernichtet und zerstört, dass eine genauere Beschreibung unmöglich ist. Dieser Tempel hatte auch einen Peristyl, die Zahl der Säulen aber anzugeben, war mir nicht möglich; die Säulen, von denen Bruchstücke überall umher lagen, waren dorischer Ordnung, sind aber so verwittert, dass man den Durchmesser nur muthmaassen kann.

Wenn wir die Battus-Strasse als die scheidende Linie für die zwei Stadthälften annehmen, so haben wir damit alles, was auf der östlichen Hälfte bemerkenswerthes zu Tage liegt, gesehen, und wenden uns nun zum westlichen Stadttheile, der ungleich reicher mit öffentlichen Gebäuden geziert war, überhaupt der Mittelpunkt des öffentlichen Lebens gewesen ist, weil er die Apolloquellen, diesen ersten Besiedelungspunkt der alten Griechen, enthält.

Wenn wir wieder vom Ostthore der Stadt ausgehen und uns links wenden, sobald wir die von Norden nach Süden ziehende Strasse passirt, so kommen wir zuerst an zwei Ruinenhaufen, die, was die ursprüngliche Anlage anbetrifft, sehr wenig mehr zu erkennen übrig lassen; aber von den dort aufgefundenen Statuen, Bacchus und Venus, können wir schliessen, dass der östliche der Venus und der westliche dem Bacchus gewidmet waren. Diese und andere Statuen sind alle ins British-Museum gekommen. Wie denn überhaupt, seit Bourville, Smith, Porcher und Denys hier gegraben haben, ohne neue ausserordentliche Nachgrabungen nichts mehr zu finden ist, und die meisten Ruinen, die schon so sehr durch die Barbaren gelitten hatten, nun vollends dem Untergange geweiht sind. Gleich westlich vom Orte, wo Bacchus gefunden wurde, ist ein Theater mit unverhältnissmässig breiten Sitzreihen und kleiner Cavea. Barth, der die Orchestra gemessen, giebt die Breite derselben auf 60' und die Tiefe auf 76' an, und meint, dass dies Theater nicht zu scenischen Darstellungen, sondern zu musikalischen Aufführungen gedient habe. Dicht an der Strasse gelegen, noch mehr nach Westen, stossen wir auf ein zweites grösseres Theater, mit doppelt so grosser Cavea, wie das eben beschriebene. Viele Säulen korinthischer Ordnung, die umherliegen, deuten darauf hin, dass die Sitzreihen mit einer Colonnade dieser Säulen umschlossen gewesen sind.

Südwestlich vom Bacchus-Tempel ist ein anderer grosser Ruinenhaufen, wo vor mehr als 50 Jahren Beechey den Torso eines römischen Kaisers vermuthete. Nachgrabungen, welche mehrere grosse Bäume blosslegten, liessen Porcher und Smith vermuthen, hier habe der Palast des römischen Gouverneurs gestanden. della Cella erwähnt hier einer Inschrift „Porticus cesarei" und hält das Gebäude für ein Caesareum; Barth meint, dass hier in der römischen Zeit, vielleicht auch schon in der ptolemaeischen, ein Marktplatz gewesen sei. Porcher und Smith fanden hier, ausser einer weiblichen Statue, diejenige von Antoninus Pius und anderen römischen Kaisern.

Circa 250 Schritt von der Battus-Strasse südlich, wenn man das grössere Theater hat liegen lassen, ist noch ein grosser Bau mit einer grossen Säulenhalle nach Nord gegen Ost, welches die Front gewesen ist. Die Säulenhalle, welche doppelt ist, lässt noch jetzt in der Reihe dreissig Säulenplätze erkennen. Das massive Gebäude dahinter zeigt eine Menge kleiner Zimmer von 6' Tiefe auf 4' Breite, und es ist wohl nicht unwahrscheinlich, dass hier die Verkaufshalle war.

Weiter nach Westen zugehend, finden wir uns auf circa 100 Schritt Entfernung von diesen Ruinen durch eine von Thürmen flankirte, von Norden nach Süden streichende Mauer aufgehalten. Beim uadi Bel Rhadir, welches südlich die ganze Westseite der Stadt begrenzt, mit einem starken Thurme anfangend, ist diese innere Mauer jedenfalls ein Theil der Acropolis, welche auf dem westlichen Hügel, als dem höchsten und wichtigsten, gelegen haben muss. Die Mauer hat eine durchschnittliche Dicke von 12' und ist an einigen Stellen über 20' hoch; Beecheys Ansicht, dass sie eine Wasserleitung gewesen sei, ist unhaltbar, da nirgends andere Baulichkeiten vorhanden sind, die das Wasser hätten herführen können. Auf der Spitze des westlichen Berges sind ausser einer grossen Masse von bequemen Steinen, welche bezeugen, dass auch hier alles bebaut war, keine weiteren hervorragenden Ruinen zu finden, und selbst von Ringmauern ist nach Westen und Süden, wo dieselben auch kaum nothwendig waren, nichts zu erkennen; nach Norden zu, obschon auch da der Berg fast steil abfällt, scheint die Acropolis aber auch noch durch eine Mauer geschützt worden zu sein, wenigstens finden sich Spuren darin vor.

Wenn wir vom höchsten Punkte des westlichen Stadttheiles nach Nordwest gehen, so führt uns die Neigung von selbst auf das grosse Stadttheater, welches am Abhange des Berges selbst gebaut ist. Obgleich stark durchwachsen, sind nur wenige Sitzreihen ausser der Loge, überhaupt scheinen die meisten Theater wohl mehr durch die Natur, als durch Menschenhand zerstört zu sein. Hier hat nun wohl ein allgemeiner Rutsch stattgefunden, da Proscenium und Orchester, welche künstlich an dem unten steilen Berg hinaufgebaut waren, weggesunken sind. Aus dorischen Säulenüberresten ersieht man, dass diese nach aussen zu durch Säulen geschmückt gewesen sind. Das Koilon ist ungleichmässig durch ein Diagon geschieden, da der unteren Sitzreihen heute noch 30 (und früher wohl noch mehrere waren, weil in der ganzen Arena alles mit Schutt und Steinen angefüllt ist), während die obere Hälfte nur acht aufweist. 6 Treppen durchschneiden die zwei ein halb Fuss breiten Sitzreihen in gerader Linie von oben bis unten. Wenn auf diese Art die Zuschauer hauptsächlich von oben ins Theater gelangten, so scheint doch auch noch ein anderer Zugang zwischen Proscenium und Koilon von Osten her existirt zu haben; vielleicht war gar ein von Osten kommender Durchgang, der jetzt verschüttet ist, vorhanden. Von den Sitzreihen des Theaters hat man die umfassendste Aussicht über die vorliegenden Plateaus hinweg bis zur See. Wie über eine Landkarte schweift der Blick über das Land bis nach Apollonia hin, und von hier sahen, wie Barth so schön sagt, die alten Cyrenen ihre Handelsschiffe heranschwimmen, und erfreuten sich des wunderbar gestalteten Terrassenlandes. Beechey, welcher dies Theater für ein Amphitheater hielten, weil allerdings das Koilon unverhältnissmässig gross und umfassend zum Proscenium ist, ist aber jedenfalls im Unrecht; denn war es schon eine Riesenarbeit, Proscenium und Scena künstlich zu erbauen an dem steilen Bergabhang, so wäre es selbst heute fast unmöglich, die andere Seite des Amphitheaters hier künstlich aufzubauen.

Vom Theater nach Osten schreitend, übergeht man eine Terrasse, und kommt an drei Bogengänge, die jetzt vermauert, ursprünglich offen gewesen sein mögen, oder nach Norden zu einen freien Umgang gehabt haben, der jetzt weggestürzt ist. Immer breiter werdend, dehnt sich die Terrasse da, wo sie an die nach Nordwesten laufende Battus-Strasse stösst, welche hier auch der natürlichen Spalte zwischen dem Ost- und West-Hügel der Stadt folgt, zu einer Plattform aus, welche den Apollo-Tempel trug. Durch die Ausgrabungen von Porcher und Smith ist unwiderruflich festgestellt, dass der Tempel, welcher sich vis-à-vis der Quelle des Apollo befand, diesem Gotte selbst gewidmet war. Beechey hielt denselben, weil er eine, wie er glaubte, auf Diana bezügliche Inschrift[22] fand, und ausserdem eine weibliche Statue in sitzender Stellung, für der Diana geweiht. Aber schon die Lage bringt es mit sich, dass dieser Tempel dem Apollo gewidmet war, und zwei Inschriften, welche Porcher und Smith hier fanden, endlich die ausgezeichnet erhaltene Marmorstatue von Apollo cytharoedes[23], welche sie ausgruben, und die gleichfalls in das British-Museum gekommen ist. Obgleich einige Piedestale der Säulen noch am Platze sind, so lässt sich doch trotz der Ausgrabungen nichts Bestimmtes über den Bau des Apollo-Tempels sagen. Wahrscheinlich war er in dorischer Ordnung errichtet, und hatte seine Richtung fast von West nach Ost. Er hatte nur Pronaes und Cella, und ein grosses Piedestal in dem westlichen Theile der Cella lässt erkennen, dass der Eingang, wie übrigens in fast allen Tempeln in Cyrene, von Osten war.

Gegenüber dem Tempel nun haben wir gleich den berühmten Apolloquell, heute ain Schehed genannt, welcher einst die Veranlassung zur Gründung der Stadt Cyrene und der später so blühenden Colonie war. Aus einem senkrechten Fels hervorsprudelnd, bemerkt man oberhalb der Front einen Giebeleinschnitt, Beweis, dass hier einst der Quell mit einer Tempelfaçade geschmückt gewesen ist; und rechts an einem Felsvorsprung liest man die bekannte auf eine Renovirung der Quelle bezügliche Inschrift:

ΛΙΓΔΙΟΝΥΣΙΟΣΣΩΤΑ

ΙΕΡΕΙΤΕΥΩΝΤΑΝΚΡΑΝΑΝ

ΕΓΕΣΚΕΥΑΣΕ

Von einem Bassin ausserhalb der Felswand kommt man in eine ziemlich geräumige Grotte, welche rechts eine geräumigere künstliche, und in zwei Abtheilungen getheilte Höhle hat. Ursprünglich waren dies wohl Zimmer für die Priester, jetzt sind sie verschlammt und zum Theil unter Wasser. Beechey fand darin die Bruchstücke von Altartischen mit Figuren. Von der Grotte aus kann man nach Süden zu die Quelle fast 700 Schritt weit verfolgen durch einen künstlich angelegten Gang, fast überall 5' hoch und 4' breit. Stellenweise findet man die Wände mit Namensinschriften bedeckt. Zuletzt wird der Gang so niedrig, dass man gehend nicht weiterkommen kann, es ist auch wohl kaum anzunehmen, dass die Quelle noch bedeutend weiter nach Süden zu entspringt, da sie jedenfalls unter dem Höhenpunkt des westlichen

Berges von Cyrene ihren Ursprung nimmt. Das Wasser der Quelle fanden wir zu 13°C. Dass aber die alten Einwohner nicht allein ihren Wasserbedarf, so reichlich und zulänglich auch die Apolloquelle ist, von hier hatten, geht aus der ungeheuren Cysterne hervor, welche man am südwestlichen Ende der Stadt antrifft. Aus drei nebeneinander gebauten Reservoirs bestehend, haben dieselben eine Länge von 260 Schritt auf eine Breite von c. 175 Schritten. Das eine Reservoir ist überwölbt mit Quadersteinen, welche fast alle mit Buchstaben und Zeichen bezeichnet sind, wahrscheinlich im Voraus, um sie später leichter zu vermauern. Zwei der Reservoirs scheinen keine Gewölbe gehabt zu haben, da die Trümmer oder Steine fehlen, womit sie gewölbt gewesen wären, und dies lehrt uns wohl, dass diese Cysternen erst in späterer Zeit angelegt, aber nicht vollendet worden sind. Auch einer anderen Quelle, welche gewiss in früherer Zeit von grosser Bedeutung war, müssen wir noch erwähnen, welche im uadi Bel Rhadir entspringt. Heute noch von den Einwohnern ain Krenah genannt, würde uns dies fast auf die Vermuthung führen, dass dies die Quelle Kyre gewesen sei, wo zuerst die alten Griechen ihre Ansiedelungen gemacht haben, wenn nicht der Apolloquell bedeutend stärker an Wasser und so recht im Mittelpunkt der Stadt und der hauptsächlichen öffentlichen Gebäude gelegen wäre. Ain Krenah, welches offenbar von Cyre, Cyrene, hergeleitet ist, entspringt auch aus einer Grotte, hat künstliche Reservoirs und alte steinerne Wassercanäle, um das Wasser zu vertheilen. Ebenfalls aus einem steil abfallenden Felsen des uadi Bel Rhadir, welches sich am Südende der Stadt hinzieht, entspringend, ist dies der lieblichste und anmuthigste Punkt der Gegend. Vor der Quelle befindet sich eine geräumige Plattform, welche nach dem Abgrunde zu, den hier die malerische Schlucht bildet, von einer colossalen Quadermauer gestützt ist. Das ganze Thal hat die üppigste Vegetation und die Quelle selbst ist von Myrthen und Oleanderbäumen dicht beschattet.

Von ganz besonderem Interesse für den Forscher ist die unendliche Todtenstadt, welche nach allen Seiten hin die Stadt umgibt. Die Zahl der freien Gräber und Sarkophage, die Zahl der Höhlen, welche Todtenkammern enthalten, ist so bedeutend, dass man glauben sollte, die Stadt sei nur von Todten bewohnt gewesen. Freilich ist nichts mehr unentweiht; kein Grab, keine Kammer, die nicht erbrochen wäre, und das, was die Hand der Barbaren unberührt gelassen hatte, als Inschriften und Malereien, ist von den letzten Reisenden fortgenommen und nach Paris und London gewandert. Und im Ganzen können wir auch nur zufrieden damit sein, denn wenn Pacho, della Cella noch hie und da schöne Wandgemälde vorfanden, wer hätte für ihre Erhaltung garantirt!

Die vollendetsten Todtengewölbe und Grabkammern findet man am Nordabhange der Berge von Cyrene, auf dem Wege nach Apollonia und im uadi Bel Rhadir. Offenbar gaben ursprünglich bestehende Höhlen

Veranlassung zu dieser Art Beerdigung. Wir finden hier die einfachsten Gräber, ohne jeglichen Schmuck, und die vollendetsten mit Tempelfaçaden, Vorkammern, Hauptgängen und Seitenkammern. Besonders grossartig, wenn auch nicht schön, sind die Katakomben am Nordabhange, von den Eingebornen Knissieh genannt. In dieser Räumlichkeit, wo wir später des Photographirens halber unsere Wohnung aufschlugen, ist sicher Platz für einige 1000 Leichen. Mehrere 100 Schritt weit ziehen sich die Grabkammern in das Innere des Felsens, und oft sind die Gräber so, dass man von einem aus in eine untere oder obere Etage kommt, und nun wieder eine ganze Gräberreihe vor sich hat. Aber auch hier ist alles durchwühlt, und kein Grab unbeschädigt; oft watet man Fusstief in Todtenstaub und zwischen Gerippen.

Die vollendetsten Gräber sind in Bel Rhadir; hier finden wir die meisten Façaden mit Säulen oder Halbsäulen geschmückt. Ein Grabmal auch in den lebendigen Fels getrieben, und zwischen dem Apolloquell und dem grossen Theater gelegen, dürfte vielleicht das Grab des Battus gewesen sein; ein Marokkaner, welcher darin seine Wohnung genommen hatte, erlaubte uns leider den Zutritt nicht. Ganz recht hat Barth, wenn er sagt, es giebt auch auf Speculation gebaute Grabkammern, die vielleicht noch gar nicht benutzt wurden. In der That findet man an der Nordseite der Berge ganze Reihen solcher uniformen Gräber, inwendig vollkommen leer, ohne Deckel und meist Raum für je 6 Gräber habend, zwei hintereinander und drei übereinander. Die Form der Sarkophage ist eben so wechselvoll; vom einfachsten, wie man sie zu Tausenden an jedem zur Stadt führenden Wege findet, bis zum kunstvollsten, oft tempelartig ausgearbeiteten. Die Sitte des Verbrennens scheint nie in Cyrene geherrscht zu haben; wenigstens bemerkten wir nirgends Nischen zum Aufbewahren von Urnen; ebenso scheinen Särge aus Thon nicht benutzt worden zu sein; auch Grabaltäre hat man in Cyrene nicht gefunden, mit Ausnahme in der Knissieh, wo auch noch zwei hübsch verzierte Statuen liegen.

Während der ganzen Zeit unseres Aufenthaltes waren die Eingebornen recht freundlich gegen uns; sie brachten uns Ziegen, Honig, Milch und Butter zum Verkauf, und obgleich auch hier der photographische Apparat mit sehr misstrauischen Augen betrachtet wurde, störten sie uns doch nie bei unseren Arbeiten. Selbst Sidi Mustafa der Eukadem der Sauya der Snussi, welche ihre Gebäude seitwärts, dicht bei der Apolloquelle, erbaut haben, bot uns seine Dienste an; sich uns selbst zu zeigen, hielt er sich aber zu heilig, und wir hatten auch keine Veranlassung, seine Nähe zu suchen. Das Wetter aber war während der ganzen Zeit unseres Aufenthaltes in der Stadt und Necropolis entsetzlich: kein Tag ohne Regen und Sturm, und des Morgens vor Sonnenaufgang so kalt, dass der Thermometer meist unter Null war. So mussten wir denn die Augenblicke zum Photographiren förmlich abstehlen, und oft wenn wir durch bodenlose Wege und über glatte Abhänge ans Ziel gekommen waren, nöthigte uns das Wetter zur schleunigsten Heimkehr ins Grab, wo ein loderndes Feuer unsere kalten Gliedmassen erwärmte. Trotzdem konnten wir von dieser berühmten Stadt über zwanzig Ansichten ermöglichen, welche dem, welcher mit den Schwierigkeiten, im Freien zu photographiren, und als Dunkelkammer nur ein wackliches Zelt zur Disposition zu haben, vertraut ist, gewiss genügend sein werden[24]. Leider gingen einige Glasplatten verloren.

Unsere Absicht von hier aus Apollonia zu besuchen, konnten wir des entsetzlichen Wetters wegen nicht ausführen, obgleich jener Ort nur circa 4 Stunden von Cyrene entfernt ist. Die steilen Bergabhänge waren aber durch den anhaltenden Winterregen für Kameele ganz unzugänglich geworden. Aus gleichem Grunde mussten wir auch verzichten, nach dem etwas entfernteren Derna zu gehen; unser einziger offner Weg war aber der auf der Hochebene, rückwärts nach Bengasi. Ehe wir jedoch diese Reise antreten, werfen wir einen Gesammtüberblick über Cyrenaica.

Fußnoten:

[1] Präfect von Paris.

[2] General Faidherbe ist Ehrenmitglied fast aller geographischen Gesellschaften, auch unserer Berliner.

[3] Ein Sohn des von Bengasi nach Aegypten geflüchteten Sohnes Jussuf Caramanli, der wie wir früher gesehen, revoltirt hatte.

[4] Dass in einer vom eigentlichen Tripolitanien so weit entfernten Provinz Alexandrine Tinne ermordet werden konnte, ist nicht im Stande die gute Mannszucht im eigentlichen Tripolitanien als schlecht darzustellen. In Europa kommen auch Raubmorde vor und die Tinne zu ermorden war für diese Halbbarbaren gewiss verlockender, als die Familie Klink, die durch Traupmann ein Ende fand.

[5] Die Mschia, welche circa 8000 Gärten mit 3000 Brunnen hat, ist, wie schon bemerkt, ganz Abgaben frei, dahingegen muss jeder Brunnen oder Garten einen Krieger, im Falle der Muschir ihrer bedarf, stellen.

[6] Ein Franzose, Mr. Robert, hatte zur Zeit Abd el Djelil's von den Arabern die Erlaubniss bekommen, den Schwefel ausbeuten zu dürfen, zu dem Zwecke hatte sich schon eine Gesellschaft in Marseille gebildet. Als man aber anfangen wollte, hatte Abd el Djelil seinen Tod gefunden und so unterblieb die Ausbeutung. Im Jahre 1846 hatte sich aber eine andere gegründet, mit der ersten vereinigt, welche den Titel hatte Compagnie Anglo-Française pour l'exploitation des mines de soufre d'Afrique, aber nun wollte die Pforte die Ausbeutung nicht gestatten, musste der Gesellschaft indess eine Abfindungssumme von 350,000 Francs zahlen im selben Jahre.

[7] Klöden hat die sehr hohe Zahl 1,500,000 Einwohner.

[8] Mkaddem, Vorsteher, Verwalter.

[9] Ganz Tuat ist Thaibisch und selbst in Timbuctu ist ein Filialsauya des Thaib.

[10] Mit Ausnahme der Buabin von Bab er Lab in Persien gestiftet, welche offen auf eine Vereinigung mit der christlich semitischen Religion streben; in Algerien besteht ausserdem die tolerante Brüderschaft der Tedjadjna, v. Duveyrier, les touareg etc. und noch viele andere.

[11] Ritter: 25,000 Ew., Barth: 13–14,000 Ew., Mircher: 15–18,000 Ew., Vatonne: 30,000 Ew. (mit der Mschia), Hoffmann: 30–35,000 Ew., Testa: 10,000 Ew., Klöden: 10,000 Ew., Maltzan: 15–18,000 Ew.

[12] Die Pforte verleiht dem Patriarch von Jerusalem das Recht, unter seiner Flagge, welche weiss ist, durch ein rothes Kreuz geviertelt und in den vier

weissen Feldern wieder je ein rothes Kreuz hat, Schiffspatente zu verkaufen; dies wird häufig von katholischen Rhedern benutzt, und der Jerusalemer Pavillon ist auf dem mittelländischen Meere von allen Mächten, auch von der Pforte, als neutral respectirt.

[13] In Tripolis und dem Rharb sagt man تنكدس‎kudas für Glocke, eigentlich heisst das aber Messe und Glocke الجرس‎el djars.

[14] Siehe Barths Wanderungen.

[15] Siehe Mission de Rhadames.

[16] Barths Wanderungen.

[17] Die letzte auf Regierungskosten ausgerüstete Entdeckungsreise war die nach Aegypten, abgerechnet die von Minutoli und Ehrenberg u.a. nach der Jupiter Ammons-Oase und Cyrenaica. Bekanntlich wurde nur die Ammons-Oase erreicht.

[18] Nec procul ante oppidum fluvius Lethon, lucus sacer, ubi Hesperidum horti memorantur. Nat. hist. V. c. 5.

[19] Dapper nennt den Lethe des Ptolemäus Milel-Fluss.

[20] Barth 3500 Schritt, della Cella 2 M.

[21] Siehe Gottschick. Geschichte der Gründung und Blüthe des hellenischen Staates in Cyrenaica. Leipzig, Teubner 1858.

[22] Die Inschrift bezieht sich auf Archippe aus der Ptolemäischen Dynastie:

ΑΡΧΙΠΠΑΝΠΤΟΛΕΜΑΙΟΥ

ΕΥΙΝΙΕΡΙΤΕΥΟΥΣΑΝΠΤΟΛΕ

[23] Unter anderen fanden Smith und Porcher eine männliche Statue, wahrscheinlich Hadrian, dann einen Minervakopf, den Kopf des ersten römischen Proprätors Gnaeus Corn. Lentulus Marcellinus, einen Bronce-Portrait-Kopf, kleinere Broncegegenstände und Lampen von Terracotta. Von den kleinen Broncefiguren eine Figur von Jupiter Ammon und eine Gruppe, die Cyrene, wie sie einen Löwen erdrosselt, darstellend.

[24] Der Photograph E. Salingré aus Berlin, hat die Photographien in gross Quartformat, 40 an der Zahl abgezogen, und dieselben sind käuflich bei ihm zu haben.

CPSIA information can be obtained
at www.ICGtesting.com
Printed in the USA
LVHW040522271222
735926LV00021B/526